Ohn Theology
Holistic Theology
온 신학

장로회신학대학교출판부
ⓒ2014

## Ohn Theology
Holistic Theology

by Myung Yong Kim
Presbyterian University and Theological Seminary Press
25-1 Gwangjang-Ro 5-Gil Gwangjin-Gu Seoul 143-756
The Republic of Korea
Tel. 82-2-450-0795  Fax. 82-2-450-0797  e-mail: ptpress@puts.ac.kr
http://www.puts.ac.kr

Copyright ©2014 All rights reserved

No part of this publication may be reproduced by any means--electronic,
mechanical, photocopying, or otherwise--without prior written permission.

## 온 신학

초판 1쇄 발행 | 2014년 10월 9일
초판 5쇄 발행 | 2021년 12월 17일

지 은 이 | 김 명 용
발 행 인 | 김 운 용
발 행 처 | 장로회신학대학교출판부
신    고 | 제1979-2호
주    소 | 04965 서울시 광진구 광장로5길 25-1 (광장동)
전    화 | 82-2-450-0795
팩    스 | 82-2-450-0797
이 메 일 | ptpress@puts.ac.kr

값 10,000원
ISBN 978-89-7369-356-6 93230

ⓒ 장로회신학대학교출판부 2014

• 잘못된 책은 바꿔 드립니다.
• 이 책은 저작권법의 보호를 받는 저작물이므로 무단 전재와 복제를 금합니다.

# Ohn Theology
Holistic Theology

온 신학

Myung Yong Kim

Presbyterian University and Theological Seminary Press
©2014

# Introduction

Ohn Theology is a Korean theology that was developed in Korea. It is the creative highlights of ecumenical, evangelical, and pentecostal theologies merging in Korea upon the main Protestant tradition of Luther and Calvin. It was developed with the aim for the completeness of theology, in order to overcome the weaknesses of Hyung Ryong Park's fundamentalism and Yong Ghi Cho's theology of the Three-fold Blessings, as well as minjung theology. It grew out of the theologies of perhaps the most revered minister in Korea, Rev. Kyung Jhig Han, and theologian Jong Sung Rhee's TongJun (Holistic) Theology. It also has within it deeply distilled thoughts of Karl Barth and Jürgen Moltmann.

Ohn Theology is a whole, complete theology for the whole world. Theology for the Church is critically important. Yet, theology for the Church is typically somewhat narrow and myopic. We desperately need a theology that can lead the world to be oriented to and aligned with the kingdom of God. Ohn Theology was developed for this task. An incomplete theology cannot prevent the world from collapsing into confusion and evils and tragedies from inundating and prevailing. "Be complete (Greek *teleioi*, 'complete' or 'perfect' in contemporary English), therefore, as your heavenly Father is complete (Matt 5:48)" is certainly true for and applies to theology as well. We are in dire need for a complete, whole theology for the whole world, for the life and peace of the world.

Ohn Theology, as published here, was previously presented at the Fifteenth International Symposium held at Presbyterian University and Theological Seminary on

May 13-14, 2014, under the theme, "Twenty-first Century Asian Pacific Theology and Practice." It was written with the hope that Asian Pacific Theology would find its direction aligned with Ohn Theology and contribute significantly to the life and peace in the Asian Pacific region.

Ohn Theology is at the center of Korean Church. It coincides with and has been developed in parallel to the theology of the Presbyterian Church of Korea (Tonghap), reflecting the theology of the majority of the theologians who are evangelical and also possess high academics. It will provide a helpful insight to those who are interested in learning the mainstream theology of the Korean Church today. However, it does not merely reflect the spirit and the teachings of today's Korean Church. The direction and the ideal that the Church, the world, and theology together need to walk towards are found in Ohn Theology.

# Contents

**Ohn Theology**

**I. What is Ohn Theology?** /13

**II. Theological Development towards Ohn Theology in Korea** /19
    Hyung Ryong Park's Fundamentalist Theology
    Yong Ghi Cho's Three-Fold Blessing Theology
    Minjung Theology
    Jong Sung Rhee's TongJun (Holistic) Theology

**III. Boundaries and the Purpose of Ohn Theology** /41
    Boundary of Ohn Theology
    Purpose of Ohn Theology

**IV. Characteristics of Ohn Theology** /51
    Trinitarian Theology
    Theology of God's Sovereignty and Grace
    The Whole Gospel
    Theology for the Kingdom of God
    Dialogical Theology
    Theology of Prayer
    Ethics of Love

**Conclusion** /77

**Bibliography** /80
**Book Review** /82

# Ohn Theology
Holistic Theology

Myung Yong Kim

ぞ

Ohn Theology (Holistic Theology) is the conclusion and pinnacle of 130 years of Korean theology. Ohn Theology is a theology for a theological wholeness and perfection for the whole world. Ohn Theology is a theology that is developed in Korea, within the Tonghap Presbyterian Church of Korea, and particularly, what is now, Presbyterian University and Theological Seminary. Considering that the Presbyterian Church of Korea is the central denomination of the Korean Church, Ohn Theology can be understood as the central theology of Korea. It is a pure Korean expression of the TongJun Theology developed by Jong Sung Rhee.[1] Ohn Theology and TongJun Theology are not completely different theologies; however, Ohn Theology has aspects that are developed from TongJun Theology. This presentation will address what characteristics Ohn Theology features, the history of how Korean theology developed into Ohn Theology, and what makes Ohn Theology the conclusion and the summit of 130 years of Korean Theology.

---

[1] Regarding Jong Sung Rhee's TongJun Theology, refer to Jong Sung Rhee, et al., *Tongjun shinhak* [Tongjun theology] (Seoul: Presbyterian University and Theological Seminary Press, 2004), 13-116.

# What is Ohn Theology?

Ohn Theology is another name for TongJun Theology. TongJun is borrowed from the Chinese characters, but when using a pure Korean root, it becomes 'Ohn.' Hence, it can be considered that both TongJun and Ohn theologies share the same meaning. TongJun Theology began by Jong Sung Rhee and was developed at, what is now, Presbyterian University and Theological Seminary, and it soon grew to be the theology of the Tonghap Presbyterian Church of Korea. Its specific features were revealed in the then Presbyterian College and Theological

Seminary's 1985 theological statement and theological education philosophy in 2001, and its characteristics are clearly shown in the Confessions of the Tonghap PCK. The expression, 'Evangelism of the gospel of Jesus Christ and the manifestation of the kingdom of God,'[2] which was established in 1998 as the philosophy of Presbyterian College and Theological Seminary was a compression of the contents of this TongJun Theology.

Ohn Theology is a theology for the whole world. Ohn Theology is essential for the Church, but it is not a theology just for the Church. Ohn Theology yearns to see reign of God manifested throughout the world. That is to say, it is a theology that desires the entire world to be properly aligned to the kingdom of God and ultimately seeks to be in service to the coming of God's Kingdom here on this earth.[3]

---

[2] PUTS' educational philosophy was selected in 1998 during the preparation for the Comprehensive University Accreditation conducted by the Korean Council for University Education. As the Director of Academic Affairs at the time, I realized that PUTS did not have an educational motto and lead a Committee for establishing one. The committee selected 'Evangelism of the gospel of Jesus Christ and the manifestation of the kingdom of God,' and after the approval of the Faculty, it became the official educational philosophy. Along with PUTS' tenets, 'piety and scholarship,' this educational philosophy is widely used to this day as the concept that symbolizes the theology and spirit of PUTS.

Ohn Theology seeks for the completeness of theology. Ohn Theology resists short-sighted and fragmented theologies. Short-sighted theologies that commonly come out of third world countries do not share the same trajectory as Ohn Theology. In order to arrive at becoming a more complete theology, Ohn Theology enjoys engaging in dialogues with diverse theologies and thoughts and strives to gain a holistic perspective. Ohn Theology honors the theologies of the first world and the third world. Ohn Theology has as its foundation the ultimate authority of the revelation of Jesus Christ but is open to the amazing works of freedom and life being shown in every part of the world by the Holy Spirit. Ohn Theology is a dialogical theology, a pneumatological theology that is based on the Bible, and a theology of freedom and life.

So then, why is it necessary for us to use another term, Ohn Theology, instead of TongJun Theology? The first reason is because to a Korean, a Korean word is friendlier at heart and easier to understand; the second reason is because there is a minor limitation to borrowing

---

[3] Rhee's TongJun Theology is for the kingdom of God. However, Ohn Theology places higher emphasis on the manifestation of the kingdom of God than Rhee's TongJun Theology.

the Chinese root. The word 'TongJun' carries a meaning of integration. The aim of Ohn Theology is not in integration, but in the formation of a whole and complete theology. Integration may be a methodology but not the purpose. Ohn Theology is a theology that seeks theological wholeness. Without being narrow-minded or short-sighted, it describes, in whole, everything regarding God. Since God is the God of the cosmos, it is more appropriate to use the Korean 'Ohn' to describe the theology that encompasses the whole of humanity and the created world and transmits whole and complete knowledge regarding God.

To better understand 'Ohn' in Ohn Theology it might be worth considering the moon for an analogy. A half moon is not a full moon yet. In the past, half theologies have prevailed in the Korean Church and theological circles and have caused extremely tragic and heart-breaking schisms and fights within the Korean Church, and it still does to this day. The narrow-minded theology that failed to understand the spirit and theology of the World Council of Churches (WCC) held in Busan in 2013 resulted in ghastly and horrendous conflicts and fights within the Korean Church that were subject to the ridicule of the nation. The majority of those who were working to ameliorate this conflict and for the unity of the Church were those who shared the spirit of Ohn Theology.[4] If a half moon is a half of a moon, then a full moon is a complete, whole moon. Ohn Theology is a theology that seeks to describe and teach about God as wholly, completely, and fully as possible.

The Pentecostal Church's attempt for a spiritual Christianity with the slogan 'full gospel' is partly related to the passion of Ohn Theology. From the perspective Ohn Theology, the expanded understanding of Jesus' work of salvation that includes saving of the physical body and from poverty does have a positive dimension. Ohn Theology does have a holistic soteriology that looks at the salvation of the soul as well as the salvation of the body at the same time. The WCC at the 1975 General Assembly in Nairobi used the term 'the whole gospel' and 'holistic mission.' This, too, can be understood as the global

---

[4] Ohn Theology is a theology with the most ecumenical characteristics in Korea. Ohn Theology is not closed but open. It has tendency to cooperate in establishing the kingdom of God together even if there are many diverging points so long as there are agreements in key theological beliefs.

Church's effort towards Ohn Theology. Ohn Theology views the salvation of an individual as well as the social and historical salvation and liberation that *Missio Dei* emphasizes equally important. Ohn Theology assesses, in a positive light, the Manila Declaration of the 'whole gospel' at the Second Lausanne Congress on World Evangelization in 1989, because in the past the Evangelical Church did not come out as a strong advocate when it came to the important tasks of the Church like justice, peace, and the preservation of the creation. Ohn theologians welcome and are pleased that the world theology is developing in the direction of Ohn Theology.[5] Ohn Theology is a theology where the Pentecostal, Evangelical, and the WCC theologies meet at their summits. It is a theology where the dimension of Christology based on the gospel of Jesus Christ and the dimension of pneumatology based on the manifestation of the kingdom of God are deeply connected through perichoresis. It is a pneumatological theology that seeks to establish the kingdom of God based on the whole gospel that was revealed through Jesus

---

[5] For further explanations, see Jong Sung Rhee, et al., *TongJun Theology* (Seoul: Presbyterian University and Theological Seminary Press, 2004), 54-59.

# Theological Development towards Ohn Theology in Korea

### Hyung Ryong Park's Fundamentalist Theology

The theology that has had the largest impact in the Korean Church within the last hundred years is fundamentalist theology. Even though technically developed in the U.S., not in Korea, it planted deep roots in Korea, and the majority of Korean churches accepted fundamentalist theology and have conducted their faith life with fundamentalist theology as the foundation. Even to this day, the single theology that one will counter with the strongest force in the Korean Church is fundamentalist theology. In that sense, fundamentalist theology has become a Korean theology. In Korea, there was an enormous resistance that tried to counter and stop the 2013 WCC Assembly Meetings in Busan from taking place, and almost all of the denominations and churches in this resistance were those that were influenced by fundamentalist theology.

The figure that played the major role in planting the fundamentalist theology in Korea was Hyung Ryong Park. He was deeply influenced by J. Gresham Machen during his study at Princeton Seminary in the U.S., and he sought to transplant Machen's fundamentalism in Korea. Because of his endless efforts to accomplish that he is often known as the "Korean Machen." He strongly opposed high biblical criticism because he espoused an absolute faith in biblical inerrancy and in literal interpretation, one of the main tenets of fundamentalist theology. He defined biblical criticism as liberal theology and liberal theology as the enemy of correct theology. He considered Karl Barth a liberal theologian and attacked Barth as his personal theological enemy,[6] because he believed that Barth approved biblical high criticism as a necessary preceding step to hearing the word of God properly. Park's criticism against Barth's theology became the main cause for the schism of the Presbyterian Church of Korea into Jesus Presbyterian Church and Christ Presbyterian Church. Even though, Jae Joon Kim, the theological father of the Christ Presbyterian Church repeatedly emphasized that he firmly believed the Bible to be the word of God, Park continued the claim that anyone who accepts biblical criticism cannot be seen as one who believes the Bible to be the word of God. It finally led to the schism of the PCK denomination into Jesus Presbyterian Church and Christ Presbyterian Church.

After Machen's death, Park was heavily influenced by an American anti-communist fundamentalist, Carl McIntire. In 1959, when Jesus Presbyterian Church split into TongHap led by Kyung Jhig Han and HapDong led by Park, Han's group followed the theology of Princeton Seminary and what is now the Presbyterian Church of USA (PCUSA), but the group led by Park stayed on the

---

[6] For Park's criticism of Barth and causes behind it, see Myung Yong Kim, "The Reception of Karl Barth in Korea," in *Dogmatics after Barth: Facing Challenges in Church, Society and the Academy*, eds. Günter Thomas, Rinse H. Reeling Brouwer, and Bruce McCormack (Leipzig : CreateSpace Independent Publishing Platform, 2012), 15-19.

fundamentalist camp and ideologically chose McIntire's anti-communist path. The dividing issue in the schism of Jesus Presbyterian Church in 1959 was whether or not to be a denominational member of the World Council of Churches, while the main theological debate was on ideologies related to communism. Park insisted that WCC's acceptance of membership from the churches in communist nations was an unacceptable corruption of the Church, and following McIntire's course, he vehemently opposed being a part of the WCC. He firmly believed that a true church follows the anti-communist path. Because of his opposition against the WCC at the time, fundamentalist churches and denominations in Korea that are still under the influence of Park a half a century later, still define the WCC as an unorthodox and heretical group, vehemently opposing the 2013 Busan Assembly.

The problem of Park's fundamentalist theology is that because of his insistence on Scripture's absolute inerrancy, the clash between the biblical worldview and today's scientific worldview is inevitable. This is one of the major reasons why many of Korean intellectuals feel that they cannot be reconciled with the teachings of the

Church. The pre-modernist position on many of the ethical issues including the women's ordination issue is another major problem. Korean denominations that were heavily influenced under Park's theology have yet to allow women's ordination.

Another problem of Park's fundamentalist theology lies in a misunderstanding of the kingdom of God. Going far too extreme in his criticism of the nineteenth-century liberal theology, he determined all interpretations of the kingdom of God here on this earth as liberal unorthodoxy, while establishing a pessimistic view of history as the correct and traditional faith. Park's eschatology claims that human history progressively degenerates and will be ruled by the devil; there will be seven years of great tribulation; the Church will undergo major persecution; and, countless saints will be martyred. Because the world's history is pre-ordained to be ruled by the devil, according to Park, the idea of reforming the world history and establishing the kingdom of God is an unbiblical and unorthodox belief of liberal theologians.

According to Park, the kingdom of God is in heaven and will descend on earth at the second coming of Jesus.

Thus, the mission of the Church is to not expand the kingdom of God by reforming the world, but to save souls in this world that will perish and to send them to heaven. His theology is a theology of evangelism only. He dos not consider the Church's political and social responsibilities essential or important. What is important, however, according to Park, is saving souls and sending them to heaven because the Church is the ark of salvation: not reforming politics, but planting new churches and sending missionaries to foreign lands.

Because of the characteristics mentioned, Park's theology can be considered a soul-centered one. His theology is a theology of the soul, but not a whole, 'ohn' theology. He was deeply interested in the soul but not the world. Park's fundamentalist theology was manifesed in the Korean Church and history with both its strengths and weaknesses. His evangelism only theology prompted those churches and denominations under the influence of his theology to mobilize for evangelism, resulting in achieving enormous growth in the number of Christians and churches. On the other hand, during Korea's dark age of pre-democracy, among the Christian leaders influenced by

Park there were hardly any who worked to bring democracy. Those influenced by Park did not understand the value of resisting injustice, establishing human rights, or fighting for democracy; hence, they were extremely passive in their efforts and in some cases even pandered to the dictatorship regime at the time. As a theology it failed to serve the Church in leading it to be a historically responsible one.

## Yong Ghi Cho's Three-Fold Blessing Theology

Yong Ghi Cho, who founded and ministered his entire life at the Yeouido Full Gospel, which later grew to become the largest church in the world, is an iconic figure not only in Korea but of the Pentecostal Church worldwide. His theology had an enormous impact in the Korean Pentecostal churches and has become their theology. However, his impact is not just limited to the Pentecostal churches. His theological influence is found in the Holy Spirit movement that spread wide across Korean churches.

Cho's theology is a theology of the five-fold gospel

and three-fold blessing. The five-fold gospel refers to rebirth, sanctification, healing, second coming, and being filled with the Holy Spirit, and there is no major difference from the four-fold gospel taught in the Korean Holiness Church. He added being filled with the Holy Spirit to the four-fold blessing, rebirth, sanctification, healing, and second coming, of the Korean Holiness Church.

The uniqueness of Yong Ghi Cho's theology is in his three-fold blessing, also known as the three-step soteriology. It is based on 3 John 1:2, "Beloved, I pray that in all respects you may prosper and be in good health, just as your soul prospers," and his interpretation is that when your soul is well, naturally, there will be blessing flowing into one's health, and all the other areas of one's life will also prosper. According to Cho, when Jesus was crucified, Jesus took and bore our sickness and our poverty on the cross. Because of that, when we believe in Jesus and his work on the cross, we can be freed from disease and poverty.

Cho's three-fold blessing was a tremendous hope to the Koreans who were suffering from extreme poverty and disease after the Korean War. The three-step soteriology that connected faith in Jesus with the liberation from disease and poverty came as a doctrine of hope, and this became the decisive motivating factor that led the Yeouido Full Gospel Church to grow to be the world's largest church. Cho's theology had a completely different dimension from Park's theology of the salvation of the soul. And the core of this different dimension was the worldly aspect of salvation. Cho addressed not just the salvation of the spirit but of the body and on an economic level as concrete as the freedom from poverty. Cho's soteriology was a gospel of hope to many who were sick and poor, and this gospel of hope was the driving force behind the Korean Pentecostal Church's growth.

Both the Minjung Theology of Korea and Cho's three-fold blessing theology theologies intended to save the people. Each has, in their backdrop, the historical context of Korea's desperate struggle to be freed from poverty up until the 1980's. If Minjung Theology's aim was to provide hope to the poor through the change in the political and economic structure of the society, Cho's theology sought to give hope through direct encounter with the Holy Spirit. Cho preached that Christ's redemptive grace frees us from the curse and suffering and that the working of this new grace is revealed through the Holy Spirit.

A weakness of Cho's theology was that it was limited to understanding the activity of the Holy Spirit to the private sphere. Cho did not understand the activities of the Holy Spirit in the political or in the social structural realm.[7] From today's theological viewpoint Cho's theology is a kind of life theology; however, the awareness for justice and peace that is mentioned strongly in the 2013 Busan WCC's theme, "God of Life, Lead Us to Justice and Peace," is not found in Cho's theology. He only knew of the Savior Jesus who frees us from disease and poverty in the private sphere. There is no doubt that Cho's theology was the inception of life theology in Korea; nonetheless, it does contain significant flaws.

A proper development of Cho's theology took place through his meeting with the German theologian Jürgen Moltmann.[8] Cho invited Moltmann to his church on a couple of occasions and began to see the drawbacks of his

---

[7] This is a problem not unique to Cho but widely across Pentecostal theology. Moltmann criticized the lack of the presence of Pentecostalists in peace movements. See J. Moltmann, *Quelle des Lebens* (München: Kaiser Verlag, 1997), 66.

[8] Moltmann's and Cho's first encounter was in 1995. During their meeting both

own theology through their conversations. Both Cho and Moltmann's theologies have characteristics of life theology; however, while Cho's theology is a life theology in the private sphere, Moltmann's is a life theology that contains political and historical, public spheres. Through his meetings with Moltmann, Cho recognized the weaknesses of his life theology in the political and historical area and since 2005 began introducing justice, peace, and the preservation of the created world.[9] Nonetheless, it is difficult to say that the political and historical dimension of life theology is fully manifested in Cho's three-fold theology.

## Minjung Theology

Typically when one mentions Korean theology, Minjung Theology is often thought of first. However, com-

---

recognized that they shared common experiences and understanding of the God of life. After 1995, Cho invited Moltmann to his church in 2000 and 2004.

[9] In 2005, in his letter to Moltmann, Cho wrote that he has changed. He mentioned that that he found his sermon and theology inadequate on social and historical levels. For changes resulted from Cho's meeting with Moltmann see Woon Hae Nag, "Moltmann's Theology and Korean Theology (Ph.D. diss., Presbyterian College and Theological Seminary, 2011), 130-153.

pared to Park or Cho's theology, Korean churches that follow Minjung Theology are a relative minority. This means that Minjung Theology belongs to a very select group of churches in Korea and does not represent the majority of the Korean Church as a whole. There are a couple of important reasons why the Korean Church has not embraced Minjung Theology as its own.

First, Minjung Theology lacks the doctrine of atonement. Byung Mou Ahn and Nam Dong Suh, are the most representative theologians of Minjung Theology in Korea, but their theologies do not feature the characteristics of Jesus' death of atonement on the cross. The Korean Church understands the atoning nature of Jesus' death to be at the core of the gospel. This is seen in both Park's fundamentalist theology and Cho's five-fold gospel and three-fold blessing theology. Jesus' atoning death was the most common teaching of the Western missionaries in Korea. However, Minjung Theology intentionally denies this element. Despite Minjung Theology's significant contribution in resisting the dictatorship and in realizing human rights and democracy, it is excluded by the majority of Korean churches because it lacks doctrine of atonement.

Second reason is Minjung theologians' negative attitude toward Jesus' physical resurrection. According to Ahn, Jesus' resurrection is that of his spirit and teachings amongst the Galileans, not of his physical body. This explains the why the followers of Ahn who have inherited his teachings and spirit pray saying, "in the name of little Jesus Tae Il Juhn." Tae Il Juhn was a young man who led a labor movement in Chunggyechon and committed self-immolation by fire. Because his spirit is resurrected in Korean labor movement, Juhn is a Korean Jesus. The majority of the Korean Church, therefore, was not able to accept such a belief of Minjung Theology.

The third problem lies in its soteriology, where people are the subjects of salvation. The majority of the Korean Church has held, and still holds, to the confession that God is the subject of salvation. Humans can be the secondary subject, but not the primary. Because God is the subject of historical transformation, prayer is a necessity. However, in Minjung Theology the distinction between the primary and the secondary subject is nebulous. The majority of the Korean Church questions how Minjung's doctrine that minjung, or the power of the people, saves is different from communism's theory of proletariat revolution.

The fourth is Minjung Theology's view on Scripture. According to Minjung theologian Nam Dong Suh, there is no qualitative difference between the biblical narrative and the narrative of Korean people, the minjung. There is the minjung narrative of the Israelites in the Scripture, and there is the minjung narrative of the Koreans in the Korean history. Hence, Suh suggested the merging of the two narratives and de-scripturalization.[10] The Korean Church firmly holds the Bible as the word of God and its authority. Minjung Theology's view on Scripture became an unsurmountable obstacle to the majority of the Korean Church.

The fifth problem is Minjung Theology's lack of the doctrine of Trinity. Minjung Theology does not address the doctrine of Trinity. In the context of the larger Korean Church, the lack of the doctrine of Trinity is immediately condemned as heresy. The exception for Minjung Theology is most likely because most of Minjung theologians

---

[10] Nam Dong Suh, "Dooh yiyagiui hapryu [Merging of two stories]," in *Minjungshinhakui tamgu* [Exploration of minjung theology] (Seoul: HanGhil Sah, 1983), 52-55.

were scholars of well-known schools, and they received support from the Korean people as they joined the fight for human rights and democracy in Korea. Despite these reasons, the majority of the Korean Church was deeply dissatisfied with Minjung doctrines. Minjung Theology essentially lacked Jesus' divinity and the personhood of the Holy Spirit. It showed a strong tendency to identify the Holy Spirit with 'ghi' (or 'chi' as it is commonly known through in Chinese) of the Eastern philosophical religion, and these were too dangerously close to being pantheistic for the majority of the Korean Church to accept.

Because of these issues, the majority of the Korean Church that share the Reformed tradition of Luther and Calvin refused to accept Minjung Theology as their own. There is no question that Minjung Theology is a Korean theology originated in Korea, but rather than being developed by mainstream churches, it was formulated and developed by Christian groups who yearned for political democracy in Korea.

However, even if churches that espoused Minjung Theology as their own were relatively few in number, one cannot underestimate the impact that Minjung Theology had in the Korean Church and its theology. Minjung Theology brought to awareness and prompted an important catalyzation for the church's social and political responsibility for justice, human rights, and peace that were absent in Park's fundamentalist theology. A large share of the theology of the kingdom of God that Ohn Theology aims for comes from Minjung Theology's heritage and development. Today's Korean Church is sensitive to the church's social and political responsibility. In the past, Park's fundamentalism strongly emphasized the church's political neutrality; however, today, even churches with fundamentalist tendencies displaying awareness for the political responsibility, despite their resistance to Minjung Theology, is the result of Minjung Theology's contribution to the Korean Church at large. Of course, one cannot deny that the churches influenced by Park's fundamentalism coming to be aware of their social and political responsibility was a result of deeper understanding of the Calvinist tradition including the work done by Abraham Kuyper. Nonetheless, amongst the efforts to correct the future direction of the Church, the work of Minjung Theology was a major contribution.

## Jong Sung Rhee's TongJun (Holistic) Theology

The one who gave the single most decisive influence on Korean theology that was to be developed into Ohn theology is Jong Sung Rhee. An eyewitness to the horrendous schism of the Korean Church, he instinctively perceived that the schism stemmed from the narrowness of Korean theology. He encountered theologies around the world including Japan, U.S., U.K., and Germany, and he was well versed in the diversity of the world theology. Not only that, he possessed encyclopedic knowledge across the historical periods including Patriarchy, Reformation, and contemporary theology to the extent that earned him the nickname "a walking encyclopedia of theology." The extensive scope of his theological knowledge is well distilled in the forty-volume of his complete works, including the fourteen-volume *Complete Works on Systematic Theology*.[11] He has written a phenomenal amount on theology, perhaps only second to Barth, and there is no other theolo-

---

[11] The forty-volume complete works on theology were published under the title, *The Complete Works of Choon Gye Jong Sung Rhee* by Academia Christiana of Korea in 2001. Choon Gye is Rhee's art name.

gian who has written as prolifically as Rhee in Korea.

Rhee's TongJun Theology is not a Korean theology simply because it was written by a Korean. His theology was birthed in the historical context of the Korean Church's painful schisms, where there currently exist over two hundred fragmented denominations among the Presbyterian Churches alone. It also rose out of the political context of the ideological conflict and violent clash between the left and the right wings during the military dictatorship. Additionally, there is the tragic reality of the North and South Korean division that continues to feed the East and the West regional conflict within South Korea as well as being the main culprit for the division preventing Koreans from being a unified people. Perhaps it is difficult for the European theologians to fully appreciate the breadth of Rhee's understanding of diverse theology and thoughts. In Europe, because each country has one or two mainstream denominations, denominational conflict is comparably smaller. It might be easier to comprehend the tragic situation of Korean Church's schisms when one looks back on the history of the bloody religious wars following the Reformation. It is not too much of an overstatement to say that the Korean Church is a microcosm of world's denominations. Particularly, fundamentalism, the chief instigator of the church schism, has had its strongest blow in Korea. In these contexts, Rhee's holistic theology is an ecumenical theology that grew in the Korean soil. His is a theology that was for the healing of the Korean Church and the Korean people. Its dream was the peace of the Church and the people.

It was in 1984 that Rhee's TongJun Theology revealed its outline and content as a theological subject when he proposed holistic Christology in *Christology* published that year.[12] According to Rhee, Christology has two main streams, that is, Christology from above and from below. He saw that these are not matters of choosing one over the other but must be understood as a bigger one. He believed that the teaching of the Chalcedonian Creed that Jesus is fully God and human does not allow for choosing one Christology over the other. If we apply Rhee's Christological perspective to Korean theologies, Park's fundamentalist theology is Christology from above, which

---

[12] According to Rhee, a holistic Christology is a Christology that attempts to get a total picture of the Christ. Jong Sung Rhee, *Choongye rhee jong sung juhjak juhnjib* [The complete works of choongye Rhee Jong Sung], vol. 4, Ghidoak-loan [Christology], 575.

emphasizes Christ's divinity, and Minjung Theology is Christology from below, emphasizing a minjung, human Jesus. Christology from above lacks historical understanding of the human Jesus, and the Christology from below lacks Trinitarian understanding of Jesus Christ being God.

The holisticity of Rhee's theology is also seen in his view on Scripture. Rhee saw that the Scripture was God's word and contains characteristics of human testimonies on the word of God; it has divine aspects as well as human aspects. According to Rhee, Park's fundamentalist view on the Scripture overlooks the human testimonial aspect. At the same time, Rhee believed that de-scripturalization, as can be seen from Naamdong Suh's Minjung Theology, fails to recognize that, unlike other stories in the world and minjung narrative, the Scripture is fundamentally different and is God's word.

Nonetheless, Rhee believed that fundamentalist and Minjung theology have both inherited certain important beliefs about Scripture. What Rhee regretted was their attitude of criticizing and vilifying the other, imprisoned in their own narrow, myopic, and parochial theology. He believed that they needed to be further developed and matured and that their short-sighted and limited perspectives were obstacles to the proper growth of the Korean Church.

Among the world theologies Rhee appreciated Karl Barth, Paul Tillich, and Jürgen Moltmann. He approached all three of their theologies critically, yet they are well distilled in Rhee's holistic theology. Rhee also highly regarded Calvin and the Reformed theology after him. Connected through Calvin, Barth, and Moltmann, one can see that Rhee's TongJun Theology is deeply rooted in the legacy of Reformed theology. Just as Barth highly regarded the Reformed theological tradition, Rhee also had high regard for the Reformed theological tradition and believed that the important content of a holistic theology are found clearly in that tradition. In other words, Rhee's holistic theology can be said to have been formed on the foundation of Reformed theological tradition in dialogue and discussion with the diverse streams of the world theology for more broad and whole theology. However, Rhee's holistic theology still had a gravitational center in integrating many theologies, thereby limiting its ability to achieve wholeness. A whole theology is not achieved through integration only. It is completed through the process of correcting the flaws, emphasizing more important facets, and adding new thoughts, all on the criteria for a proper, right theology. By comparison, Rhee's holistic, TongJun, theology is a success at the difficult and arduous process of integration. It was a major contribution in this regard and provided a great structural frame for Ohn Theology.

# Boundaries and the Purpose of Ohn Theology

Ohn Theology was developed from Rhee's holistic theology. Hence, Ohn Theology shares a considerable commonality with Rhee's theology. Yet, it contains significant changes and development.

## Boundary of Ohn Theology

The boundary of Ohn Theology is the whole world. It is impossible to do holistic theology without understanding the whole of the activities of God who moves in the whole world. Traditional theology was Christocentric. It is extremely important for a theology to feature Christocentric characteristics, because in Jesus Christ was revealed the full revelation of God.[13] Christ's resurrection is the ultimate event in the life of Jesus Christ. Therefore, theologies absolutely must be Christocentric, and a theology that veers off from Christ is highly dangerous. Ohn Theology considers the revelation of the traditional Christocentric theology very important and it continues that tradition.

However, one of the weaknesses of traditional theology lies in its tendency to overlook the importance of the pneumatological dimension. The Holy Spirit broke down the Berlin wall and established peace by ending the history of the Cold War between the East and West Germany. In South Africa, the Holy Spirit ended the history of racial discrimination through Nelson Mandela and opened a new history in the Republic; and in Korea, not only did the Holy Spirit free the most devastated people in the

---

[13] According to Barth, Jesus Christ is the self-revelation of God (*Selbstoffenbarung Gottes*). Barth developed his Christocentric theology based on this concept of self-revelation of God.

world of poverty but the Holy Spirit also broke the oppressive chains of military dictatorship and established a democratic Korea. If theology repeats the narrative of biblical times only, then it is easy to fall into the trap of losing sight of the breadth and the abundance of the Holy Spirit's movement. Even in Korea, today there are a number of preachers under the influence of fundamentalist theology who intentionally repeat only the biblical stories in their sermons. Not only that, they are proud of keeping the authority and the purity of the sermon by doing so. This is a grave error that fails to notice the tremendous movement of the Holy Spirit manifested in the world history.

Ohn Theology takes as the object of theology both the ultimacy of the Christological revelation of God and the diverse and abundant workings of the Holy Spirit saving and redeeming the world. Particularly so today, unlike the first world Christians, the Christians in the third world live in vastly diverse experiences of the Holy Spirit. Many of those experiences would be difficult for first world Christians to understand. Ohn Theology, however, is open wide to the diverse movement of the Holy Spirit that the Christians from the whole world are experiencing, and it continuously focuses on the movement of the Holy Spirit who works to save the world history.

Theology needs to provide a clear response with regards to a peaceful union between North and South Korea, to peace in war-torn Syria, to the economic crisis from the new free economy and on how to overcome the tragic crisis of the third world, and on the question of how to resolve the problem of the Islamic world to which the road to sharing the gospel is closed, as well as the ways to overcome the ever-so-threatening environmental disasters like tsunamis. Because God is a God of the whole world and the entire universe and works in the midst of those very sites of tragedy, Ohn Theology takes as one of its theological themes the problems of the whole world. Feminist theology, black theology, socialist theology, Minjung Theology, and environmental theologies all address a particular issue as the center of their theology. While these tend to have a narrow limit to their theological topic,[14] Ohn Theology does not study a particular theme or issue.

---

[14] Moltmann's explanation for political theology (*Politische Theologie*) that the politics is at the center of the world is similar to Ohn Theology's view. The term implies that the issues of the whole world are major theological topics and that those issues are deeply connected with politics. Content wise, political theology shares the common perspective and heartbeat with Ohn Theology.

Rather, every issue of the whole world becomes an important theological topic. When a theology considers only certain topics important, it can easily make the error of arriving at a theological conclusion that does more damage to other issues by focusing too heavily on that one particular issue. For instance, when an environmental theology is emphasized the third world nations in poverty are subject to more harm, because they do not have the resource to comply with the numerous environmental policies that the developed countries demand. Ohn Theology is important, because the theological elements need to develop in balance. When it loses its balance, even the single most important thing can do major harm, and the result can be destructive. Ohn Theology addresses all of the world's issues but seeks to address them in balance, and by doing so creates a world of peace and life.

## Purpose of Ohn Theology

European theologians typically view third world theology as lower theology or theology of regional particularity. That means that the third world theology maybe helpful in that region but not of the caliber to give a significant impact to Europe's high theology. In short, in the eyes of the European theologians, European theology is high theology and the third world theology is low theology.

Today, while European churches are diminishing, churches in Asia and Africa are growing at a phenomenal rate. Christians in Asia and Africa are in the midst of experiencing the diverse activities of the Holy Spirit. They are experiencing wondrous miracles and works of salvation done by the Holy Spirit that are reminiscent of Jesus' resurrection, the Hebrew Exodus, or other events we typically do not think are possible. Ohn Theology is questioning the wholeness of the European theology. It wonders whether European theology, too bound within the limits of Enlightenment's reason, failed to properly recognize the supernatural movement of God. It seriously doubts whether negating the historicity of the resurrection, addressing Jesus' resurrection existentially or from the perspective of one's personal faith, or defining biblical figures' experience of salvation done by supernatural God as ahistorical events are indeed correct theological conclusions.

That is because Asian and African Christians are experiencing the incredible power of God who saved the crucified Jesus not only in history but in their very own lives through the workings of the Holy Spirit right now.

That does not mean, however, that Ohn Theology denies the scholarly value and contribution of biblical criticism. On the contrary, Ohn Theology regards very highly the scholarly achievement of the European theology. Nonetheless, Ohn Theology recognizes the gravity of European theology's inadequacy as an academic field. Ohn Theology's purpose is to aim for high theology that surpasses European theology: a whole, complete theology without inadequacy or flaws.

It seeks to engage in deep dialogues with European, American, Asian, Latin American, African, and other world theologies, and to arrive at a whole theology. Ohn Theology is dialogical by nature, because without an open attitude it is difficult to arrive at theological wholeness. Even though it is being developed in Korea, Ohn Theology desires to contribute to the world. While it is true that Ohn Theology has the theological features of a particular location called Korea, its purpose is to explain accurately the movement of God towards the whole world. Hence, Ohn Theology is theology for the whole world. It is a continuation of European theology while seeking to develop it even further. Because it is difficult for European theologians to understand the limitations of European theology, Korean theologians, who perceive them as outsiders, seek to realize a more complete and whole theology. Latin American liberation theology was, for the most part, a significant challenge to the European and North American theology. However, it was a challenge in practical and ethical aspects. Ohn Theology, on the other hand, seeks wholeness not just in its application and praxis, but in its fundamental axis including biblical and systematic theology, so that it could revive the whole world church and save the whole world history. Unless it is whole, theology weakens the Church and it cannot properly fulfill its function in world history. For the European theologians, it might be worth paying attention to the strong criticism within the Korean Church today that after coming back from studying the European theology, one may possess a high scholarship, but the church one serves becomes weak and eventually dies. Ohn Theology not only seeks for high scholarship theology but to revive the Church. Ohn Theology firmly believes that a true high scholarship theology accurately understands the movement of the Holy Spirit and that such theology decidedly and ultimately renews not only the Church but the world's history.

# Characteristics of Ohn Theology

**Trinitarian Theology**

The Trinity is the essence and basis of Ohn Theology. A major problem of Minjung Theology is the lack of Trinity. Ohn Theology acknowledges Minjung Theology's contribution to the advancement in Korean history and democracy. It also views the self-awareness of minjung, the people, and the emphasis on the agency of minjung, a very important theological inheritance. However, the inadequate recognition of the divinity of Jesus and the lack of the doctrine of atonement is a serious theological problem.[15] These features of Minjung Theology spreading without correction ultimately threaten the life of the Church, and there is the danger that what remains at the end is a theology of human activities with no inherent need for divine grace.

It is also severely dangerous for Minjung Theology to say that 'ghi' (or 'chi') is the Holy Spirit. It is one thing to say that the Holy Spirit moves and works in all things, but a completely different thing to say that ghi is the Holy Spirit. To say that ghi is Holy Spirit is making a grave error of not recognizing the qualitative difference between the Holy Spirit and the created. The Holy Spirit and ghi, the spirit of all things, are as vastly different as heaven is different from the earth. The Holy Spirit is the power and source that maintains the ghi, but the spirit of all things is not and cannot be the Holy Spirit. This horrendous error of Minjung Theology rises because most of the minjung theologians do not believe in the doctrine of Trinity.

---

[15] Nam Dong Suh, "Minjung(siahl)eun noogoongah? [Who is minjung?]," in *Minjungshinhakui tamgu* [Exploration of Minjung Theology] (Seoul: HanGhil Sah, 1983), 217-218. Due to its overemphasis on the agency of minjung, Suh's concept of Minjung Messiah brought the result of sacrificing the Jesus' sole messiahship.

One of the dangers of today's world theology is that many are developing theologies that lack a Trinitarian understanding. Even though the Trinitarian understanding has been recovered in major ways in the twentieth century through Karl Barth and Jürgen Moltmann, theologies without the Trinity are still prevalent. Theologies of religious pluralism, almost without exception, lack the doctrine of Trinity. Process theology is also far distanced from Trinitarian theology.

Ohn Theology views the Trinitarian understanding as essential and emphasizes the importance of Christ's atoning death. The atoning nature of his death is directly related to divinity of Jesus. Without a Trinitarian understanding, there is no doctrine of atonement. This is the foundation of Christian theology and the last stronghold of which the Church must be a watchman and guardian. Minjung theologian Byung Mou Ahn's explanation that atonement was fabricated by Paul and cannot be attributed to the historical Jesus is a false claim that Ohn Theology can never accept. Behind Ahn's such claim is the long tradition of liberal theology and the theology after Adolf von Harnack, who made an extreme separation between Paul and Jesus. Ohn Theology aims to correct such traditions of false theology.

## Theology of God's Sovereignty and Grace

Rhee's TongJun Theology begins from the confession that God is sovereign over the whole world. Hence, there are signs that point to God's reign throughout the entire world, and it is an important task of holistic theology to reveal these signs in the light of Jesus Christ. According to Rhee, God is the sole Absolute Being in the world. Rhee's theology of God's sovereignty has been inherited, for the most part, from Calvinist theology.

If Rhee's holistic theology emphasized God's absoluteness and his sovereignty over history, then Ohn Theology considers the tragedy of Auschwitz and the revelation of a suffering God in Jesus' death on the cross. Ohn Theology considers both God's omnipotence and powerlessness. If Rhee's theology emphasized that God is the ruler of the whole world, Ohn Theology deeply examines what form of ruling he takes at the same time. Here lies the slight difference between Rhee's TongJun Theology and Ohn Theology.

Ohn Theology disagrees with Wolfhart Panneberg's understanding of history that world history is God's indirect self-revelation. World history is not that simple. We must remember that in the center of history stands the Cross. Ohn Theology believes that God was committed to Christ's suffering on the cross at the same moment he created humans, because a creation of humanity with free will inevitably leads to history tainted with sin. History tainted with sin is sentenced for judgment. Then, what does the creation of humanity mean when it is bound for judgment?

Ohn Theology believes that the creation of humans is the beginning of an astronomically astounding history of grace. God granting humans freedom is accompanied by God's will and commitment to save humans through his own death. Ohn Theology is a theology that discusses the victory of God's grace, not one that discusses the rule of a legalistic God's judgment. God's sovereignty that created the world and rules over it is not the rule of a legalistic God. This is a reign of a God of enormous love and abounding grace.

There is not just one agent of world history. Ohn Theology believes that there are four major agents. First is the Lord of history, God. There are other agents of history because God allowed it,[16] because a true world of God's glory is accompanied by the thanksgiving and joy of a free creation. However, other agents of history, besides God, are not and cannot be understood to be in competition with God. The second agents are humans, who were given free will by God. Thirdly, Ohn Theology believes that the nature and the rest of the creation are also agents. All of creation, like humans, has freedom. Climate change and diastrophism from earth's crustal movements have connections with a certain freedom granted to the creation. The freedom of humans and creation holds the possibility to create a wonderfully beautiful world, but it also holds the possibility to create horrendous tragedies at the same time. The fourth agent is the devil. A considerable number of European theologians might be hesitant to mention the devil, but Ohn Theology believes that a the-

---

[16] Ohn Theology agrees with Moltmann's understanding of creation as the self-withdrawal of God (*Selbstzurücknahme Gottes*). The freedom of humanity and creation is accompanied by the limit of God's omnipotence.

ology without a proper recognition of the devil is not a correct theology. The devil is the most destructive representative being that misuses the freedom granted.

It was out of great grace that God gave freedom to humans. Humans, however, have turned this grace into corruption and tragedy. If we view God as the absolute ruler of the world, then God becomes the ultimate cause of the tragedies at Auschwitz; hence, God is the cause of evil. Ohn Theology views God as a ruler of love and grace and resists the idea that God rules from heaven creating whirling tornadoes of fate. The tragedies of this world are connected to creation, never to God.

Throughout history, one can notice the movements of the devil and numerous tragedies caused by humans and creation. Then, what does God's reign and sovereignty mean? The major theme, "Jesus Christ is the Savior," is central to Ohn Theology. God took upon himself all the tragedies and sufferings and began a history of salvation beyond our imagination to save humanity and the world. This is an infinitely cosmic work of love and grace. It would be easy to reign over a world made up of robots programmed to obey God's order. However, a world with freedom is highly dangerous and is accompanied with great sin and tragedy. God knew of these tragedies when he created the world and decided to be present in the tragedies; he was determined to endure great suffering and saved the world and humanity with unfathomable love and grace.

Like TongJun Theology, Ohn Theology believes that God is the lord of history. At the same time, the reign of God who is the lord of history is also a reign of incredible grace and love. This reign of grace and love is a new history that saves world history unfolded by humans. This is the history where an era of hope and joy comes like the rising of the sun from the east. Minjung Theology states that the minjung will save history, but that is false. It is God who saves history, not the minjung. As can be seen from the Marxist movement, the slogan that the proletariat is the subject of history is also a false statement. God creates a new history and the minjung and the proletariat can be secondary agents in creating this new history as long as they are being called and used by God.

# The Whole Gospel

There is no Lord of life other than Jesus Christ. This is the central theme of Ohn Theology. The reason why there is not another Lord of Life besides Jesus lies deeply rooted in his resurrection. There is no other who has conquered death and was resurrected. Jesus is God and God's ultimate revelation, and in Jesus Christ is the true hope of humanity and the world.

It is a grave error to think that because many of the world's major religions are in Asia, Asian theology will discuss diverse religious possibilities. An Asian theology that is headed to religious pluralism is not Ohn Theology. European and North American theologians affording possibilities for Asian religions in order to undo the stigma of Christian imperialism is an error that comes from not knowing the Lord of Life properly. This error, in fact, has permeated a good share of world's theologies and the world Church, causing the mission of the Gospel to lose its power. Asian and African churches that are experiencing growth have, with almost no exception, deep convictions that there is no other Lord of Life besides Jesus Christ, and it is a major crisis to replace Christian mission with dialogues with other religions.

The gospel is Jesus Christ and there is no other gospel besides Jesus Christ. It is a serious corruption of the gospel of Jesus to add other gospels to it. The gospel of Jesus is already a complete, perfect gospel. Peace efforts among religions and mission efforts must not be confused. Even if there are many good and positive aspects in other religions, concluding that they might be a way to salvation is very narrow, dangerous, and short-sighted. Ohn Theology is seriously concerned that such short-sightedness is prevalent in today's world theology. Most of the Christians in Asia who live in the midst of other Asian religions are keenly aware of the fact that there is no other God of Life beside Jesus Christ.

A whole, complete gospel has been revealed in Christ. This gospel is good news that is too good to be true and out of this world. This is not a story about a false God who cannot save the humanity, but a savior who truly saves. This gospel manifests itself in power and is creating a world of joy. Asian Christians have heard too many stories about false gods and are weary of them. They are duly discouraged that many European theologians are excavating these false gods among old piles and trying to reinvent them in the clothes of the true God. A whole Gospel is in Jesus Christ, and Christ is the only Lord of Life.

On the other hand, Ohn Theology is critical of fundamentalist theologies along Park's school of thought that have reduced the gospel of Jesus Christ into a gospel for saving souls. The gospel of Jesus Christ is not for savings souls only. Look at the four Gospels: Jesus actually healed the sick. He was a true savior to the blind and lepers. The gospel of Jesus is the gospel that saves not only the soul and spirit but the body from the power of death. In this sense, Cho's three fold blessing is more true to the gospel than Park's theology and a step further toward Ohn Theology. Nonetheless, its major weakness is the lack of understanding of Christ's messianic ministry toward the world of justice and peace. The gospel of Jesus is not merely a gospel that frees humans from the sufferings of the body. It is a gospel that demolishes the rule of the devil that controls the world and creates a world of God's righteousness, life, and peace.

Justice, peace, and life are not merely symbolic concepts of the messianic kingdom but its manifestations. A whole gospel is a gospel of the coming of God's kingdom and its manifestation. This is a gospel toward a truly joyous world where God's righteousness, peace, and life descends to not only human bodies but the whole earth and the entire created world. A whole gospel is of the world where there is no death, where it is filled with eternal life and joy. This is not a world that is created by a false god with no power. It is a world that was created by Jesus Christ, the true God of Life who conquered death and was resurrected.

## Theology for the Kingdom of God

Ohn Theology is a theology for spreading the gospel of Jesus Christ and manifesting the kingdom of God. I mentioned the gospel of Jesus Christ under the section on whole gospel. Then, what does theology for the kingdom of God mean?

Ohn Theology believes that there are two major

teachings on the kingdom of God in the Bible. First is the kingdom of God in heaven, 'uranos.' This kingdom of God in heaven is where God is presently. It is also considered that this kingdom of God in heaven is also the place where those who believed in Jesus and are now dead remain until the last day of history. Park's theology of the soul was focused on saving souls through evangelism and sending them to this kingdom of God.

However, there is another concept of the kingdom of God in the Bible. This kingdom of God is one that will be established here on this earth in the future. Park's theology of the soul was very critical of this kingdom of God. He concluded that the notion that future history advancing, utopia arriving, and the kingdom of God being established was an error of liberal theology. Park held a pessimistic view on history that history progressively degenerates and ultimately the world will be ruled by the devil. Park taught this pessimistic view on history as the legitimate orthodox view on history.

However, the church that teaches with Park's view on history inevitably faces a serious problem by fundamentally undermining its own social and political responsibility. If the world's history progressively deteriorates and if ultimately the world is destined to be ruled by the devil, then the effort to reform world history does not have any significance. From its origin, Park's fundamentalist theology had thought of the Church to be the ark of salvation that saves souls only; and hence, it is not capable of enabling the Church to reform history. This was unfolded in the actual history of Korea. During Korea's military dictatorship and fight for democracy, those who resisted the dictatorship did not come from the churches that were influenced by Park. Park's theology produced many believers who were eager evangelists to save souls but not many who fought in the world to establish justice and peace. It could not nurture leaders for the kingdom of God like Nelson Mandela or Martin Luther King, Jr.

In Korea, the actual development of the theology of the kingdom of God is deeply connected to the influence of Jürgen Moltmann. His theology of hope, political theology, and theology of peace left impact on many Korean theologians and the Church as well as to the development of Ohn Theology. Moltmann's theology, at first, influenced the development of Korean's Minjung Theology.

Minjung Theology developed with Moltmann's theology and in the process many of the minjung theologians became friends of Moltmann. However, there is a major difference between Minjung Theology and Moltmann's theology: namely, the lack of the Trinity and doctrine of atonement, and self-salvation of minjung in Minjung Theology. Nonetheless, Minjung theologians were deeply influenced by Moltmann in their theological understanding of the Church's political responsibility and Church's mission to manifest kingdom of God.

Moltmann's theology also left an impact on Cho's three-fold blessing. While Moltmann's influence in Minjung Theology had already begun in the 1970's, his influence in Cho's theology began in the second half of the 1990's. Through a number of encounters with Moltmann, Cho came to recognize that his theology was too narrow in its scope, being limited only to the personal level. Both Cho and Moltmann were in agreement that God's salvation is not limited to the soul and that it is manifested in tangible ways in life and in the body. However, Cho did not fully understand the social and political dimensions of God's salvation until he met Moltmann. In 2005, when

Cho formally declared justice, peace, and the preservation of creation as his ministry principles, it was a moment that marked the advancement of Cho's theology and a major theological change in the Korean Pentecostal Church.

Moltmann's kingdom of God theology also left a deep impact in Presbyterian Church of Korea (Jesus Presbyterian Church Tonghap). His kingdom of God theology began appearing as early as 1985 in the theological statement of the then Presbyterian College Theological Seminary's faculty, and it is reflected in more detail in its 2001 Philosophy of Theological Education. The 1985 Theological Statement and the 2001 Philosophy of Theological Education is a clear testament that the Ohn Theology, developed at what is now the Presbyterian University and Theological Seminary, is a theology for the kingdom of God. The Twenty-First Century Confession of the Presbyterian Church of Korea (Jesus Presbyterian Church Tonghap) in 2003 is also clearly influenced by Moltmann's kingdom of God theology.

Ohn Theology is a theology for the kingdom of God. Its concept of the kingdom of God is vastly different from the 19th century liberal theology's notion of the kingdom of God. Ohn Theology does not believe in the optimism that history will eventually evolve, creating a utopian world. Nor is it a proper view on history. Ohn Theology is keenly aware of the historical tragedies resulting from the work of the devil and its corresponding sin of humanity. It is also aware of the possibilities that human history could face a complete collapse. Despite this, Ohn Theology is a theology that proclaims hope over history. And the basis of that hope, regardless of how strong the devil is and how deep human's sins go, is that God is mightier and ultimately God's victory will triumph in history. Ohn Theology is a theology that declares the hope on the new world by the Holy Spirit. It is a theology that proclaims that the kingdom of God is being constructed by the Holy Spirit and that the Church is the messianic community toward this kingdom of God.

## Dialogical Theology

Ohn Theology is a theology that aims to arrive at whole, complete truth. It believes that arriving at the whole truth desperately demands broader theological and ideological dialogues. It believes that the wider the breadth and depth, the closer you can arrive at a more complete truth.

Ohn Theology is a theology that deeply recognizes the pneumatological dimension of theology. Various theologies in the world are being catalyzed and being developed by the prompting of the Holy Spirit. There is a high possibility that behind these theologies are deeply embedded movements of the Holy Spirit. Therefore, theological dialogues across broad spectrums increase the chance of understanding broader movement of the Holy Spirit. Yo Han Hyun, in his *The Multifaceted Reality of the Holy Spirit*, gives a lesson against churches and theologies with narrow views that, imprisoned by their own tradition, understand only one pneumatology.[17] Addressing the many pneumatologies of the world, including substantialistic, sacramentalistic, intellectualistic, voluntaristic, emotionalistic, dynamistic, communalistic pneumatologies, he explains what a holistic pneumatology should look like. He

---

[17] Yo Han Hyun, *Sungryung geu dayanghan uhlgoohl* [The multifaceted reality of the Holy Spirit] (Seoul: Presbyterian College and Theological Seminary Press, 1998). The book is subtitled Toward a Holistic Paradigm of Pneumatology.

causes the reader to recognize the short-sightedness of the Pentecostal Church's claim in the past that one is not baptized by the Holy Spirit if he or she cannot speak in tongues and understand the importance of and respect for other churches. In this sense, Ohn Theology is truly ecumenical and church-unifying and a theology that opens the way to a holistic theology.

Ohn Theology does not consider its present theology absolute. If the spirit of the Reformed Church is Church always reforming, *semper reformanda*, then Ohn Theology, also, is always continually reforming its theology. Ohn Theology is not tied to the theology of Rhee, the founder of TongJun Theology. Nor is it tied to the theology of Moltmann, who had the largest influence in its development. Ohn Theology is open to dialogue with the whole world and obedient to the movement of the Holy Spirit who leads toward a more complete truth.

Tied to the Augsburg Confession, the Lutheran Church of Europe is slow to new changes. The majority of conservative Presbyterian Churches in Korea holds the Westminster Confessions as absolute and is busy condemning other theological thoughts. These churches are not aware of the new theological activities of the Holy Spirit. Ohn Theology grieves that countless churches around the world, imprisoned in the well of their own narrow theological tradition, fail to hear God who speaks here and now. Ohn Theology is a pneumatological theology that is open and dialogical by nature and seeks after the word of God that speaks to us here and now.

Ohn Theology is critical of fundamentalist theology that absolutizes the culture of the biblical times. Mistaking the anachronistic teachings for the word of God and bound to the Scripture, fundamentalist theology almost cannot recognize the pneumatological dimension of theology. Holding the biblical times as the absolute standard, they refuse ordination of women leaders, both lay and ordained, and have become prisoners of their own narrow view, blind to the work that the Holy Spirit is doing today. Ohn Theology, however, on one hand, upholds the absoluteness of the revelation of Jesus Christ, while, on the other hand, is completely open to the diverse movement of the Holy Spirit who works here and now. Ohn Theology is well aware that the Holy Spirit wants to do major works through women pastors. Abolition and women's liberation are all important works of the Holy Spirit that are deeply tied to the movement of the Holy Spirit.

To say that Ohn Theology is dialogical does not mean that it is in dialogue only with diverse theologies of the world. It means that it considers important conversations with other thoughts and fields including natural sciences and engages in deep dialogues with world history as well. Ohn Theology teaches that just as 'ohn' in Ohn Theology implies, the whole world is the object of theology and that the movements of the Holy Spirit across the whole world are important objects of theology. Ultimately, Ohn Theology is a theology that seeks the way of the Holy Spirit in order to transform the whole world to be the kingdom of God.

## Theology of Prayer

Ohn Theology is a theology that teaches the importance of prayer. Ohn Theology's criticism of Minjung Theology's self-salvation of minjung is not because of Minjung's self-awareness and movement. In fact, Minjung's self-awareness and movement are one of Minjung Theology's greater strengths. Ohn Theology is critical of Minjung Theology because of its lack of understanding of a true savior. God is the savior of human and world, never humanity itself.

Ohn Theology upholds the theological legacy of the Blumhardts and Karl Barth. Their theological tradition has a clear understanding of a true savior and emphasizes the importance of prayer in ministry and practice of theology.[18] Among many philosophical theologies around the world it is rare to come across such emphasis on the importance of prayer. A theology that does not recognize the importance of prayer is not a whole theology.[19]

The Korean Church grew out of prayer. To the question "What marks the Korean Church?" one can reply, "The Korean Church is a praying Church." More than any other church in the world the Korean Church prays more and fervently. The core of the Korean Church's spir-

---

[18] Myung Yong Kim, *Karl Barthui shinhak* [Theology of Karl Barth] (Seoul: Jireh Suhwon, 2011).

[19] Barth's theology emphasizes the importance of prayer. To Barth, 'Call upon God' (Ps 50:15), is the basis for all divine commands. K. Barth, *Das Christliche Leben* (Zürich: 1976), 67. His ethics also begins with prayer. Ohn Theology highly regards Barth's view on prayer.

ituality is in prayer. Early morning prayer is a unique characteristic of the Korean Church that is hard to find anywhere else. Myungsung Presbyterian Church, one of the most representative mega churches in Korea, is well known around the world for its three or more daily early morning prayer services depending on the time of the year. The Korean Church believes that prayer changes history. Korean seminaries begin each class with prayer and take an hour from class each day to worship and pray together. Many seminary students pray all night. Korean seminary students were ones that believed that one needs to have prayed holding onto a pine tree hard enough to uproot it before even a setting foot into the ministry. It was their ministry of prayer that enabled the Korean Church to grow at such a phenomenal rate.

Ohn Theology is a theology that emphasizes the importance of the true savior of humanity and the world and the importance of prayer. It is a theology that teaches that a church where prayers are not alive will perish. Ohn Theology is not a speculative theology but one that is deeply rooted in practice. Recognizing the serious magnitude of the activities of the devil in the world and history, Ohn

Theology warns that a true victory is not possible without prayer. "Seek the Lord, and you shall live" is a major theme of Ohn Theology.

### Ethics of Love

Jesus wants to establish the kingdom of God on earth through love and service. "Put your sword back into its place; for all who take the sword will perish by the sword. Do you think that I cannot appeal to my Father, and he will at once send me more than twelve legions of angels?" (Matthew 26:52-53). Ohn Theology does not believe in the power of violence. Nor does it consider Genghis Kahn or Alexander the Great as heroes. Historians might consider heroes to be the conquerors that took other countries by force, killed its people, and set places on fire, but Ohn Theology is extremely doubtful of such a view on history. Ohn Theology believes that behind Adolf Hitler was a deep movement of the devil. Behind the history of war, murder, and death is the devil. The devil is the spirit of murder (John 8:44), and behind the politics of war, murder, and ethnic egotism is the devil.[20]

Ohn Theology highly regards the theology of peace and peace movements that took place in the 1980's in Europe. It believes that behind the demolition of the Berlin Wall and the amazing series of events that ended the East and West Cold War is the theology of peace that the European Church developed. Ohn Theology believes that the spirit of loving the enemy changes history and creates a world of peace and life. It believes that the way Jesus walked was the way of serving and loving the enemy, because the kingdom of God is won through service and love, not through violence and war.

Ohn Theology believes that the ethics currently prevalent in world churches and theology, which tends to separate personal ethics from social ethics, while applying the standard of justice in the relationships between groups, is far from being whole.[21] It believes that deeply trenched conflicts between groups can also be healed through love. Ohn Theology believes that world peace cannot be estab-

---

[20] Myung Yong Kim, *Hyundaiui dojungwa ohneului jojigshinhak* [Contemporary challenges and today's systematic theology] (Seoul: Presbyterian College and Theological Seminary Press, 2011), 44-45.

[21] Although Reinhold Niebuhr's theology has left a major impact in the world, from Ohn Theology's perspective, it has plenty of room for criticism.

lished through ethics based on the Law. The ethics based on the gospel begins from love, and love for the enemy is the summit of gospel-based ethics. A world of life and peace can be established only through ethics based on the gospel, not on the Law.

Ohn Theology believes that the true power to conquer the devil is love. Because God is love (1 John 4:8), and God's power works in and through love. The devil cannot overcome God and love. God's power to save the world is found in love. Ohn Theology is a theology that strives for the ethics of the cross, ethics based on the gospel, and ethics of love.

# Conclusion

The theology that had the broadest and strongest influence in Korea was fundamentalist theology, with Hyung Ryong Park being the representative figure. Yet Korean theology did not remain in fundamentalism. Cho developed a theology of life different from that of the soul-focused fundamentalist theology, and this is seen clearly in his theology of three-fold blessing. He spread a theology that gave hope to the sick and poor in Korea and planted the Yeouido Church that eventually became the largest in the world. However, Cho's theology has not developed into the theology of the kingdom of God that saves society and history. Minjung Theology, which appeared in the mid-1970, was a theology that fought for justice and democracy. It finally drove out the dictatorship and left a major historical achievement by establishing democracy in Korea. A considerable number of Minjung theologians were actively involved in the center of the politics during President Dae Jung Kim's administration. However, by producing overly progressive doctrines for Korean churches to embrace, including the lack of doctrines of the Trinity and atonement, and self-salvation of minjung, it failed to take root in Korea. Ohn Theology is the conclusion and summit of 130 years of Korean theology that merged out of Park's soul-and church-centered theology, Cho's theology of life, and the Korean Minjung Theology's historically responsible theology, and it blossomed at what is currently Presbyterian University and Theological Seminary. In its development were the foundation of Luther and Calvin's' Reformed theology and major roles and influences of German theologians like Karl Barth and Jürgen Moltmann as well as the prominent Korean theologian, Jong Sung Rhee.

Ohn Theology is a Trinitarian theology that focuses on the grace and sovereignty of God and strives to be a complete, whole theology. It is a theology with a holistic ecclesiology that understands the purpose of the church to spread the gospel of Jesus Christ and manifest the kingdom of God. At the same time, it is a theology of life that seeks to understand fully the breadth of the movement of the Holy Spirit, who desires to save the whole world and the universe while being present in them. Ohn Theology is a dialogical theology that is always reforming in order to obey the will of the Holy Spirit.

# Bibliography

Barth, Karl. *Das Christliche Leben*. Zürich: Theologischer Verlag, 1976.

Hyun, Yo Han. *Sungryung geu dayanghan uhlgoohl* [The multifaceted reality of te Holy Spirit: toward a holistic paradigm of pneumatology]. Seoul: Presbyterian College and Theological Seminary Press, 1998.

Kim, Myung Yong. *Karl Barthui shinhak* [Theology of Karl Barth] Seoul: Jireh Suhwon, 2011.

———. Hyundaiui dojuhngwa ohneului jojigshinhak [Contemporary challenges and today's systematic theology]. Seoul: Presbyterian College and Theological Seminary Press, 2011.

———. "The Reception of Karl Barth in Korea." In *Dogmatics after Barth: Facing Challenges in Church, Society and the Academy*, edited by Günter Thomas, Rinse H. Reeling Brouwer, and Bruce McCormack, 15-24. Leipzig: CreateSpace Independent Publishing Platform, 2012.

Moltmann, Jürgen. *Die Quelle des Lebens: Der Heilige Geist und die Theologie des Lebens*. München: Kaiser Verlag, 1997.

Nag, Woon Hae. "Moltmann's Theology and Korean Theology." Ph.D. diss., Presbyterian College and Theological Seminary, 2011.

Rhee, Jong Sung. *Choongye rhee jongsung juhjak juhnjib* [The Complete works of choongye Rhee Jong Sung]. Vol. 4, *Ghidoakloan* [Christology]. Seoul: Academia Christiana of Korea, 2001.

Rhee, Jong Sung, Myung Yong Kim, Chul-Hoh Yoon, and Yo Han Hyun. *Tongjunjuk shin-hak* [Holistic theology]. Seoul: Presbyterian University and Theological Seminary Press, 2004.

Suh, Nam Dong. "Dooh yiyagiui hapryu [Merging of two stories]." In Minjungshinhakui tamgu [Exploration of minjung theology], 52-55. Seoul: HanGhil Sah, 1983.

_____. "Minjung(siahl)eun noogoongah? [Who is minjung?]." In Minjungshinhakui tamgu [Exploration of minjung theology], 217-218. Seoul: HanGhil Sah, 1983.

# Book Review

---

## Von der holistischen Theologie

Michael Welker
Senior Professor
Direktor des Forschungszentrums Internationale und
Interdisziplinäre Theologie (FIIT)
Universität Heidelberg

Die holistische Theologie befähigt dazu, uns und unsere Mitmenschen in geistlichen und gottesdienstlichen Zusammenhängen zu sehen, die wohl in der gottesdienstlichen Feier der versammelten Gemeinde, in Gebet und Doxologie die angemessene Gestalt und den Höhepunkt erfahren, die aber zugleich in der Kirche aller Zeiten und Weltgegenden beheimatet sind (die priesterliche Dimension des Reiches Gottes). Die Kirche Jesu Christi und sein kommendes Reich sind so viel weiter als die oft erschreckend weiten und unübersichtlichen irdischen Lebensverhältnisse.

Zur Entfaltung dieser Antwort greife ich auf einen sehr hilfreichen Vorschlag zurück, der kürzlich von Myung Yong Kim unter dem Titel "Ohn Theology (Holistic Theology)" unterbreitet worden ist. (Manuskript). Diese Theologie ist an der reformatorischen Theologie orientiert und in Auseinandersetzung mit den weltweiten theologischen Entwicklungen im 19. und 20. Jahrhundert erwachsen. Sie ist in der Presbyterian Church of Korea in der Megacity Seoul ausgebildet worden. Diese ganzheitliche Theologie ist eine kirchliche Theologie, die aber zugleich den Zeiten und Weltregionen übergreifenden Orientierungsraum des kommenden Reiches Gottes zu respektieren sucht. Sie will den Orientierungsraum des kommenden Reiches Gottes trinitätstheologisch erschließen. Sie bejaht die christologische Grundorientierung neutestamentlicher und reformatorischer Theologie, und zugleich öffnet sie sich für die pneumatologische Ausrichtung, wie sie für die starken Pfingstkirchen und charismatischen Bewegungen des 20. Jahrhunderts charakteristisch sind. "Ohn Theology has as its foundation the ultimate authority of the revelation of Jesus Christ but is open to the amazing works of freedom and life being shown in every part of the world by the Holy Spirit" (2). Gegenüber der starken Konzentration auf die Rettung der individuellen Seele in Teilen des reformierten Fundamentalismus in Südkorea, aber auch in Teilen der Pfingsttheologie entwickelt sie eine christologisch und neu-schöpfungstheologisch begründete Reich-Gottes-Perspektive, die den Geist Gottes als Kraft am Werk sieht, die auf Gerechtigkeit und Frieden und auf den Schutz der Schwachen ausgerichtet ist. Mit einer sogenannten "komplementären Eschatologie" – ein Konzept und ein Terminus, zu dem unser langer Austausch mit Naturwissenschaftlern über Fragen der Eschatologie geführt hat – kann sich die holistische Theologie in ein konstruktives und kritisches Verhältnis zu vielen Entwicklungen der ökumenischen Theologie, der Befreiungstheologie und der innerkoreanischen Minjung-Theologie setzen.

Eindrücklich bringt Kim Myung Yong die mehrperspektivische trinitätstheologische und die christologisch-pneumatologische Orientierung im Anschluss an Calvin, Barth, Moltmann und den früheren Präsidenten seiner

Hochschule, JongSung Rhee, zur Geltung.

Das schöpferische und neu-schöpferische Wirken des dreieinigen Gottes ist nicht nur ein Wirken an individuellen Seelen, und es zielt auch nicht nur auf eine transgeschichtliche eschatologische Wirklichkeit. Wohl will Kim Myung Yong keineswegs Offenbarung und Geschichte identifiziert sehen, er sieht aber im kommenden Reich Gottes eine zugleich präsentische und futurische innergeschichtliche eschatologische Bewegung am Werk, die in komplementärer Beziehung steht zu dem ewigen Reich Gottes, dessen vollkommene Offenbarung der christliche Glaube erwartet. Das von Jesus Christus bestimmte und in der Macht des Heiligen Geistes schöpferisch und neuschöpferisch gestaltete Leben vollzieht sich einerseits im Gottesdienst und im Gebet, andererseits in einer prophetischen und diakonischen Nachfolge, in der Verkündigung des Evangeliums Jesu Christi und in einer Ethik der Liebe, der Gerechtigkeit und des Friedens.

Die holistische Theologie befähigt durch ihre pneumatologische Orientierung dazu, die klassische Lehre vom dreifachen Amt Jesu Christi (Jesus Christus als wahrer König, wahrer Priester und wahrer Prophet) zu einer Lehre von der "dreifachen Gestalt des Reiches Gottes" (M. Welker, Gottes Offenbarung. Christologie) weiterzuentwickeln. Sie befähigt zur Erkenntnis, dass wir Menschen in weit ausgreifenden Wirkungszusammenhängen des dreieinigen Gottes stehen, die uns die diakonischen Taten der Liebe und Vergebung, der aufbauenden Lehre, der Annahme und der Heilung um uns herum und zu unseren Gunsten erkennen lassen und die uns zu diesen Taten auch unter schwierigsten Bedingungen befähigen (die königliche Gestalt des Reiches Gottes). Die Sorge um die leibliche und seelische Gesundheit der Mitmenschen innerhalb und außerhalb der Gemeinden kann sich dabei nicht nur auf den individuell-therapeutischen, gar nur an das Medizinsystem zu delegierenden Dienst beschränken. Die Gesundheit der in den Städten lebenden Menschen ist ein entscheidendes Maß, an dem die Evolution der Städte auch von kirchlicher Seite aus zu messen ist.

온
신
학

# 온 신학

Ohn Theology

김 명 용
지음

장로회신학대학교출판부

# 머리말

온 신학은 한국에서 발전된 한국의 신학이다. 이 신학은 루터와 칼빈의 종교개혁 전통 위에서 에큐메니칼 신학과 복음주의 신학 및 오순절주의 신학이 한국에서 합류되면서 만들어진 신학이다. 이 신학은 한국에서 발전된 박형룡의 근본주의 신학, 조용기의 삼중축복의 신학 및 민중신학의 약점들을 극복하고 신학의 온전성을 추구하면서 형성된 신학이다. 이 신학은 탁월한 목회자였던 한경직의 신학정신과 탁월한 신학자였던 이종성의 통전적 신학을 배경으로 발전한 신학이고, 칼 바르트(Karl Barth)와 위르겐 몰트만(Jürgen Moltmann)의 신학정신이 깊이 녹아있는 신학이다.

온 신학은 온 세상을 위한 온전한 신학을 의미한다. 교회를 위한 신학은 매우 중요하다. 그러나 교회만을 위한 신학은 협소한 신학이다. 온 세상이 하나님 나라를 향하도록 세상을 인도하는 신학이 필요하다. 온 신학은 바로 이 일을 감당하는 신학이다. 온전하지 못한 신학은 세상이 혼돈속에 빠지고 비참과 악이 창궐하는 일을 막지 못한다. "하늘에 계신 너희 아버지의 온전하심과 같이 너희도 온전하라"(마 5:48)는 말씀은 신학에도 매우 타당하다. 온 세상을 위한 온전한 신학은 세상의 생명과 평화를 위해 중요하다.

이 책은 '아시아 태평양 신학과 실천'(Asia Pacific Theology and Practice)이라는 주제 하에 2014년 5월 13일 장로회신학대학교에서 개최된 제15회 국제학술대회에서 발표된 글이다. 아시아 태평양 신학이 온 신학의 방향으로 정향되어 아시아 태평양 지역의 생명과 평화를 위해 큰 기여를 할 수 있었으면 하는 바람을 담고 있다.

온 신학은 한국교회의 중심에 위치하고 있는 신학이다. 이 신학은 한국 장로교회(통합)의 신학과 많은 부분이 일치하고 또 병항하고 있고, 한국의 복음적이면서도 높은 학문을 갖고 있는 신학자들의 신학을 반영하고 있다. 오늘날 한국교회의 중심에 흐르고 있는 신학이 무엇인지 알기 원하는 사람들에게 이 온 신학이 큰 도움이 될 것이다. 그러나 온 신학은 오늘의 한국교회의 정신을 단순히 반영하는 신학은 아니다. 온 신학 안에는 교회와 세상과 신학이 가야 할 방향과 이상이 함께 들어 있다.

장로회신학대학교 총장
김 명 용

# 목 차

**온 신학**

**Ⅰ. 온 신학이란 무엇인가?** /99

**Ⅱ. 한국에서의 온 신학을 향한 신학적 발전** /105
    박형룡의 근본주의 신학
    조용기의 삼중축복의 신학
    민중신학
    이종성의 통전적 신학

**Ⅲ. 온 신학의 범위와 목적** /125
    온 신학의 범위
    온 신학의 목적

**Ⅳ. 온 신학의 특징** /133
    삼위일체 신학
    하나님의 주권과 은총의 신학
    온전한 복음(The whole Gospel)
    하나님 나라를 위한 신학
    대화적 신학
    기도의 신학
    사랑의 윤리

**결언** /157

**참고문헌** /159
**북 리뷰** /160

# 온 신학
(Ohn Theology)

김명용

온 신학은 130년 한국 신학의 결론이자 정점이다. 온 신학은 온 세상을 위한 온전한 신학을 의미한다. 온 신학은 한국에서 발전된 신학인데 특히 한국장로교회 통합 측에서 발전된 신학이고 그 중심 학교는 장로회신학대학교이다. 한국장로교회가 한국교회의 중심적인 교회라는 것을 생각할 때 온 신학은 한국의 중심에 있는 신학이라고 볼 수 있다. 온 신학은 이종성이 발전시킨 '통전적 신학'[1]의 순수한 한국어 표현이다. 온 신학

---

[1] 이종성의 통전적 신학에 대해서는 다음을 참고하라. 이종성/김명용/윤철호/현요한, 『통전적 신학』(서울: 장로회신학대학교 출판부, 2004), 13-116

과 통전적 신학은 다른 신학이 아니다. 그러나 온 신학은 통전적 신학에서 발전된 다른 측면들이 있다. 이 발전된 다른 측면들은 앞으로 언급될 것이다. 그러면 온 신학은 어떤 특징을 가진 신학이며, 한국 신학이 온 신학으로 발전하기까지의 과정은 어떠하며, 왜 온 신학이 130년 한국 신학의 결론이자 정점인지를 이제 살펴보기로 하겠다.

# 온 신학이란 무엇인가?

●온 신학은 통전적 신학의 다른 표현이다. 통전적 신학의 통전적이라는 표현이 한자어 표현인데 이를 순수한 한국어 표현으로 바꾸면 '온'이 된다. 그러므로 통전적 신학이나 온 신학이나 같은 의미를 갖는 신학이라고 할 수 있다. 통전적 신학은 이종성에 의해 장로회신학대학교에서 시작된 신학이다. 통전적 신학을 시작한 사람은 이종성이고 이 신학이 발전된 장소는 장로회신학대학교였으며, 이내 이 신학은 한국장로교의 통합측 신학으로 발전했다. 이 신학은 1985년 장로회신학대학교의 신학성명과 2001년 장로회신학대학교의 신

학교육성명 속에 그 구체적 모습을 드러냈고, 2003년 한국장로교 통합측의 신앙고백서 속에서도 그 신학적 특징이 명백히 나타나고 있다. 장로회신학대학교가 1998년 대학이념으로 확정한 예수 그리스도의 복음전파와 하나님 나라의 구현이라는 표현은[2] 바로 이 통전적 신학의 내용을 압축한 것이다.

● 온 신학은 온 세상을 위한 신학이다. 온 신학에서 교회는 매우 중요하지만 교회만을 위한 신학이 온 신학은 아니다. 온 신학은 온 세상에 하나님의 통치가 구현되기를 바라는 신학이다. 즉, 온 신학은 온 세상이 하나님 나라를 향해 정향되기를 원하는 신학이고 궁극적으로 이 땅에 하나님 나라가 임하는데 봉사하고자 하는 신학이다. 그런 까닭에 온 신학은 하나님 나라를 위한 신학이다.[3]

● 온 신학은 신학의 온전함을 추구하는 신학이다.

---

[2] 장로회신학대학교의 교육이념은 1998년 한국대학교육협의회의 대학종합평가를 대비하는 과정 가운데 확정되었다. 필자는 당시 교학처장으로 장로회신학대학교에 교육이념이 없음을 발견하고, 교육이념 확정을 위한 위원회를 주관하였다. 이 위원회에서 확정된 예수 그리스도의 복음전파와 하나님 나라 구현이라는 교육이념이 교수회의를 통과하면서 장로회신학대학교의 교육이념으로 확정되었다. 이 교육이념은 장로회신학대학교의 교훈인 경건과 학문과 더불어 장로회신학대학교의 신학과 정신을 상징하는 개념으로 오늘에 이르기까지 널리 사용되고 있다.

[3] 이종성의 통전적 신학은 하나님 나라를 위한 신학이다. 그러나 온 신학은 이종성의 통전적 신학에 비해 하나님 나라 구현에 더 깊은 강조점이 있다.

온 신학은 단편적이고 파편화된 신학을 반대한다. 제3세계 신학에서 흔히 나타나기 쉬운 단편적인 신학은 온 신학의 길이 아니다. 온 신학은 온전한 신학에 도달하기 위해 다양한 신학이나 다양한 사상과 폭넓은 대화를 좋아하고 통전적인 시각을 얻기 위해 노력한다. 온 신학은 제1세계 신학도 존중하고 제3세계의 신학도 존중한다. 온 신학은 예수 그리스도 계시의 궁극성을 기초로 하지만 성령에 의해 세계 도처에서 일어나는 성령의 놀라운 해방과 생명의 역사들에 대해 열려있다. 온 신학은 대화적 신학이고 성경에 기초를 둔 성령론적 신학이고, 해방과 생명의 신학이다.

그런데 왜 통전적 신학을 온 신학이라는 다른 표현으로 쓸 필요가 있을까? 첫째는 한국인에게는 한국어 표현이 더 친숙하고 이해하기 쉽기 때문이고, 또 다른 중요한 이유는 통전적이라는 한자어 표기에 약간의 약점이 있기 때문이다. 통전적이라는 한자어의 영어표기는 인터그레이션(integration)이며 통합한다는 의미가 상대적으로 강하다. 온 신학이 추구하는 목적은 통합에 있는 것이 아니고 온전한(whole) 신학을 형성하는 것이다. 통합은 방법론적인 것일 뿐 목적은 아니다. 온 신학은 신학의 온전함(theological wholeness)을 추구하는 신학이다. 즉, 편협하지 않고 하나님에 관한 모든 것을 온전하게 표현하는 신학이다. 하나님께서 우주 만물(cosmic)의 신이시기 때문에 인간과 피조세계의 모든 것을 포괄하면서 하나님에 관한 온전한 지식을 전하는 신학에 대한 표현으로는 한국어 '온'이라는 표현이 더 적합하다.

온 신학의 온을 더 잘 이해하기 위해서는 비유로 달을 생각해 볼 필요가 있다. 반달은 아직 온달이 되지 못한 달이다. 한국교회와 신학계에는 그동안 반쪽짜리 신학이 활개치면서 교회를 분열시키고 처절한 싸움을 해왔고, 지금도 그리하다. 2013년 부산(Busan)에서 열린 세계교회협의회(WCC)의 정신과 신학도 제대로 이해하지 못하는 편협한 신학 때문에 국민의 지탄을 받을 정도로 교회 간에 처참한 갈등과 싸움이 있었다. 이 갈등을 치유하고 한국교회를 하나 되게 하려고 노력한 사람들은 거의 대다수가 '온' 신학적 정신을 공유하고 있던 사람들이었다.[4] 반달이 반쪽짜리 달이라면 온 달은 온전한, 충만한 달이다. 즉, 온 신학은 하나님에 관해 온전하게 충만하게 표현하고 가르치려는 신학이다.

오순절주의 교회가 온전한 복음(Full Gospel)을

---

[4] 온 신학은 한국에서 가장 에큐메니칼적인 특징을 갖고 있는 신학이다. 온 신학은 폐쇄적이지 않고 열려있는 신학이고 핵심적인 신학정신이 일치하면 다른 점이 많이 있어도 협력해서 함께 하나님 나라를 세우려는 경향을 갖고 있다.

제창하면서 영혼의 기독교에 도전을 감행한 것은 온 신학에 대한 열정과 부분적으로 연관이 있다. 육체를 구원하고 가난에서부터 구원하는 예수 그리스도의 구원 사역에 대한 이해의 확장은 온 신학의 시각에서 보면 긍정적인 측면이 있다. 온 신학은 영혼의 구원 뿐 만 아니라 육체의 구원도 동시에 생각하는 통전적 구원론을 갖고 있기 때문이다. 1975년 나이로비(Nairobi) WCC 총회에서 WCC는 온전한 복음(The Whole Gospel)이라는 표현을 사용하면서 선교 개념도 통전적 선교(holistic mission)라는 표현을 사용했는데 이것 역시 온 신학을 향한 세계교회의 노력으로 볼 수 있다. 온 신학은 개인의 구원 뿐만 아니라 하나님의 선교(Missio Dei) 개념이 중요하게 생각하는 인간화 및 사회적, 역사적 구원과 해방을 동시에 중요하게 생각한다. 온 신학은 세계 복음주의 교회가 1989년 마닐라 대회를 열면서 온전한 복음(The Whole Gospel)이라는 표현을 선언문의 제2부에서 크게 선언한 것을 긍정적으로 평가한다. 왜냐하면 복음주의 교회는 정의와 평화 및 창조의 보전에 관한 중요한 교회의 과제에서 상대적으로 약점을 보여 왔기 때문이다. 온 신학은 세계 신학의 방향이 온 신학의 방향으로 발전되고 있는 것에 대해 기

---

5) 더 자세한 설명을 위해서는 다음을 참고하라. 이종성/김명용/윤철호/현요한, 『통전적 신학』, 54-59.

쁘게 생각한다.[5] 온 신학은 오순절주의 신학과 복음주의 신학과 WCC신학의 정점에 있는 신학이다. 온 신학은 예수 그리스도의 복음이라는 그리스도론적 차원과 하나님 나라 구현이라는 성령론적 차원이 페리코레시스(perichoresis)적으로 깊이 연결되어 있는 신학이다. 온 신학은 예수 그리스도를 통해 나타난 온전한 복음에 기초를 두고 하나님 나라를 세우고자 하는 성령론적 신학이다.

# 한국에서의 온 신학을 향한 신학적 발전

## 박형룡의 근본주의 신학

지난 약 100년 간 한국교회에 가상 상하게 영향을 미친 신학은 근본주의 신학이다. 근본주의 신학이 미국에서 만들어진 신학으로 한국에서 만들어진 한국의 신학은 아니었지만, 근본주의 신학은 한국에 깊이 뿌리를 내렸고 다수의 한국교회는 이 근본주의 신학을 받아들였고, 이 근본주의 신학에 기초해서 신앙생활을 영위해왔다. 오늘날까지 한국교회에서 강하게 만나게 되는 신학은 근본주의 신학이다. 그런 까닭에 근본주의 신학은 이미 한국의 신학이 되었다. 2013년 부산(Busan)에서 열린 세계교회협의회(WCC)의 부산총회 때, 이를 반대하고 저지하기 위한 큰 저항이 한국교회에서 일어났는데, 이 때 저항했던 교단들과 교회들은 거의 근본주의 신학에 영향을 받은 교단들이었고 교회들이었다.

    한국에 근본주의 신학을 심는데 가장 큰 역할을 한 인물은 박형룡이었다. 박형룡은 미국의 프린스턴(Princeton)신학교에 유학시절 근본주의 신학자 메이첸(J. Gresham Machen)에게서 깊이 영향을 받았고, 메이첸의 근본주의 신학을 한국에 심고자 했던 인물이었다. 박형룡은 메이첸의 근본주의 신학을 한국에 심기 위해 끊임없이 노력했기 때문에, 박형룡은 한국의 메이첸이라고 불린다. 박형룡은 성서에 대한 고등비평(High Criticism)을 강하게 반대했는데, 이는 그가 근본주의 신학의 대 원칙인 성서의 축자적 무오설을 절대적 신앙으로 갖고 있었기 때문이었다. 박형룡은 성서에 대한 고등비평을 자유주의 신학으로 규정했고, 이 자유주의 신학을 바른 신학의 적으로 간주했다. 박형룡은 칼 바르트(Karl Barth)의 신학까지도 자유주의 신학으로 규정하고 자신의 신학적 적으로 삼고 공격을 감행했는데,[6] 이는 바르트가 성서비평학을 하나님의 말씀을

---

6) 박형룡의 바르트 비판과 그 원인에 대해서는 다음을 참고하라. M.Y.Kim, The Recep-

바르게 듣기 위한 전 단계로 용인했다고 생각했기 때문이었다. 박형룡의 바르트 신학에 대한 맹렬한 비판은 1953년 한국 장로교회가 예수교 장로회와 기독교장로회로 분열되는 중요한 원인이었다. 기독교장로회의 신학적 아버지 김재준은 성서가 하나님의 말씀이라고 굳게 믿는다고 끊임없이 강조했음에도 불구하고, 박형룡은 성서비평학을 받아들이는 사람은 결코 성서의 하나님 말씀됨을 믿는 사람이라고 볼 수 없다는 주장을 되풀이했고, 결국 한국장로교회가 예수교장로회와 기독교장로회로 분열되었다.

　　메이첸의 신학적 영향을 받은 박형룡은 메이첸 사후에는 미국의 반공주의 근본주의자 칼 맥킨타이어(Carl McIntire)의 영향을 크게 받았다. 1959년 예수교장로회가 한경직 그룹인 통합과 박형룡 그룹인 합동으로 분열될 때, 한경직 그룹은 미국장로교회와 프린스턴 신학교의 신학적 방향의 길로 갔지만, 박형룡 그룹은 끝까지 근본주의 노선을 견지하면서, 이념적으로는 맥인타이어의 반공주의 노선을 택했다. 1959년 예수교장로회 분열의 결정적 원인은 세계교회협의회에 가맹교단으로 참여할 것인가의 문제였다. 가장 큰 신학적

---

tion of Karl Barth in Korea, in: Günter Thomas/ Rinse H.Reeling Brouwer/ Bruce McCormack(eds.), *Dogmatics after Barth* (Leipzig : CreateSpace Independent Publishing Platform, 2012), 15-19.

논점은 공산주의와 관련된 이념에 관한 문제였다. 박형룡은 세계교회협의회가 공산주의 국가의 교회들을 회원으로 받아들이는 것은 있을 수 없는 교회의 타락으로 규정했고, 맥인타이어의 노선을 받아들여 세계교회협의회에 가입하는 것을 극렬 반대했다. 박형룡은 참된 교회는 반공주의 노선 위에 있다고 굳게 믿었다. 박형룡이 이 때 세계교회협의회를 반대했기 때문에, 반세기가 지났지만, 박형룡의 영향권 속에 있는 한국의 근본주의 교단들과 교회들은 세계교회협의회를 이단으로 규정하면서 2013년의 부산 총회를 극렬 반대했다.

박형룡의 근본주의 신학의 문제점은 성서의 절대적 무오성에 대한 강조 때문에 성서의 세계관과 오늘의 과학적 세계관과의 충돌은 불가피하게 일어나고, 이는 오늘날 한국의 많은 지성인들이 교회의 가르침에 등을 돌리는 큰 원인 중의 하나이다. 또한 여성문제를 비롯한 여러 가지 윤리적 문제들에 대해 전근대적인 입장을 나타내는 것도 큰 문제점이다. 박형룡의 신학적 영향권 속에 있는 한국의 교단들은 아직도 여성안수를 허락지 않고 있다.

박형룡의 근본주의 신학의 또 하나의 문제점은 하나님 나라에 대한 잘못된 이해에 있다. 박형룡은 19세기 자유주의 신학에 대한 비판이 지나쳐서 지상에서 건설되는 하나님 나라에 대한 모든 견해를 자유주의 이단으로 규정했다. 박형룡은 역사에 대한 비관주의적 견해를 바른 신앙으로, 정통주의 신앙으로 규정했다. 박형룡의 근본주의 신학은 역사는 갈수록 나빠지고, 마귀에 의해 장악되고, 7년 대환란이 일어나고, 교회는 큰 핍박을 당하고, 수많은 성도들은 순교하게 된다는 종말론을 갖고 있다. 이 세계 역사는 결국 마귀가 지배하는 역사가 되도록 규정되어 있기 때문에, 박형룡에 의하면 세계역사를 개혁해서 하나님 나라를 세운다는 사상은 비성경적이고, 자유주의 신학자들의 이단적 사상이다.

　박형룡에 의하면 하나님 나라는 하늘 곧 천국에 있고, 예수재림과 더불어 땅에 강림한다. 교회가 해야 할 일은 세상을 개혁해서 하나님 나라를 확대시키는 것이 아니고, 망할 세상에서 영혼을 구원해서 천국으로 보내는 것이다. 박형룡의 신학은 오직 전도의 신학이다. 박형룡은 교회의 정치적 사회적 과제를 중요하게, 교회의 본질적 과제로 생각하지 않았다. 박형룡에 의하면 망할 이 세상에서 영혼을 구원해서 천국으로 보내는 것이 가장 중요하다. 교회는 구원의 방주이다. 정치를 개혁하는 것이 중요한 것이 아니고 교회를 새로 개척하고 이방인들의 땅에 선교사를 보내는 것이 중요하다.

　박형룡의 신학이 위와 같은 특징이 있기 때문에

박형룡의 신학은 영혼중심적 신학이라고 볼 수 있다. 박형룡의 신학은 영혼의 신학이지 아직 온 신학은 아니다. 박형룡은 영혼에 대한 관심이 깊었지 세상에 대한 관심은 깊지 않았다. 이와 같은 박형룡의 근본주의 신학은 그 신학이 갖고 있는 장점과 단점이 그대로 한국의 교회와 역사 속에 나타났다. 박형룡의 오직 전도의 신학은 박형룡 신학의 영향권 속에 있는 교단들과 교회들이 전도에 힘쓰도록 만들었고, 교회 수와 교인 수가 크게 증가하는 결실을 맺었다. 반면 한국의 민주주의 암흑기에 민주주의를 위해 헌신한 기독교 지도자들 가운데 박형룡의 영향을 받은 사람은 거의 없었다. 박형룡의 영향권 속에 있었던 교회들과 성도들은 불의에 저항하고, 인권을 세우고, 민주주의를 위해 투쟁하는 일의 가치를 잘 알지 못했고, 따라서 매우 소극적이었고, 경우에 따라서는 독재정권과 영합하는 현상도 나타났다. 박형룡의 근본주의 신학은 교회를 역사책임적인 교회로 이끄는 데는 실패한 신학이었다.

## 조용기의 삼중축복의 신학

조용기는 세계에서 가장 큰 교회인 서울의 여의도

순복음교회를 세우고 평생 목회한 한국뿐만 아니라 세계오순절교회의 상징적인 인물이다. 그의 신학은 한국 오순절 계통의 교회에 큰 영향을 미쳤고, 한국 오순절 계통의 교회의 신학이 되어 있다. 그의 영향이 오순절 계통의 교회에만 있는 것이 아니다. 한국교회 전반에 깊게 퍼진 성령운동 속에는 그의 신학적 영향을 쉽게 발견할 수 있다.

조용기의 신학은 오중복음과 삼중축복의 신학이다. 그런데 이 가운데 오중복음은 중생, 성화, 신유, 재림, 성령 충만을 의미하는데 이는 한국성결교회가 가르친 사중복음과 큰 차이가 없다. 성결교회가 가르친 사중복음인 중생, 성화, 신유, 재림을 그대로 받아들이고, 거기에 성령 충만을 첨가한 것이다.

조용기의 신학의 독특성은 그의 삼중축복의 신학에 있다. 이 삼중축복의 신학은 삼박자 구원론이라고도 하는데 요한삼서 1절의 "네 영혼이 잘됨같이 네가 범사에 잘되고 강건하기를 바라노라"의 말씀을 근거로 영혼이 잘되면 건강에 복이 오고, 만사가 형통하는 복을 받는다는 이론이다. 조용기에 의하면 예수께서 십자가에 돌아가실 때에 우리의 질병을 짊어지고 돌아가셨고, 우리의 가난을 짊어지고 돌아가셨다. 그런 까닭에 우리가 예수를 믿으면 질병에서 해방될 수 있고, 가난에서 해방될 수 있다.

조용기의 삼중축복의 신학은 6·25 전쟁 이후 극한적인 가난과 질병 속에 시달리던 한국의 민중들에게 엄청나게 큰 희망이었다. 예수믿음과 질병에서의 해방과 가난에서부터의 해방을 연결시킨 조용기의 삼박자 구원론은 가난한 민중들에게 희망의 교리로 들렸고 이것이 여의도순복음교회를 세계에서 가장 큰 교회로 만든 결정적 동인이었다. 조용기의 삼중축복의 신학은 근본주의 신학이 얘기했던 영혼의 구원과는 다른 차원을 갖고 있는 신학이었다. 이 다른 차원의 핵심은 구원의 세상성이었다. 조용기는 영혼의 구원만 얘기한 것이 아니고 육체적인 구원을 얘기했고, 가난으로부터의 해방이라는 경제적 차원의 구원을 언급했다. 이와 같은 조용기의 구원론은 병들고 가난한 민중들에게 희망의 복음이었고, 이 희망의 복음이 한국의 오순절주의 교회의 성장의 동력이었다.

한국의 민중신학과 조용기의 삼중축복의 신학은 모두 민중을 살리기 위한 신학이었다. 이는 1980년대까지 한국이 가난에서부터 해방되기 위해 처절하게 몸부림치던 역사적 정황을 배경으로 갖고 있다. 민중신학이 정치적, 경제적 구조를 변화시켜 가난한 사람들에게 희망을 주려했다면 조용기의 삼중축복의 신학은 성령의 직접적인 만남을 통해 희망을 주려한 것이다. 조용기는 그리스도의 대속의 은혜가 우리를 저주와 고통에서 해방시킨다고 설교했고, 이 새로운 은혜의 역사가 성령을 통해 나타난다고 강조했다.

조용기의 삼중축복의 신학의 약점은 성령의 활동을 개인적 차원에서 주로 이해했던 데에 있었다. 조용기는 정치적 영역에서, 또한 사회의 구조적 영역에서 활동하는 성령의 활동을 잘 이해하지 못했다.[7] 조용기의 삼중축복의 신학은 오늘의 신학적 시각에서 보면 일종의 생명신학(life theology)이다. 그러나 2013년 한국의 부산(Busan)에서 열린 세계교회협의회의 주제인 "생명의 하나님, 우리를 정의와 평화로 이끄소서"(God of life, lead us to justice and peace)에서 강하게 언급되고 있는 정의나 평화에 대한 인식이 조용기의 삼중축복의 신학에는 없었다. 조용기는 오지 개인적 차원에서 병에서 해방시키고, 가난에서 해방시키는 구원자 예수만 알고 있었다. 그의 삼중축복의 신학이 한국에서의 생명신학의 중요한 맹아인 것은 틀림없지만, 아직 많은 결함을 안고 있었다.

조용기의 삼중축복의 신학의 본격적인 발전은 독

---

7) 이 점은 조용기 뿐만 아니라 오순절주의 신학 전반에 나타나는 문제이다. 몰트만은 평화운동 등에 오순절주의자들이 없음을 비판했다. J. Moltmann, Quelle des Lebens (München : Kaiser Verlag, 1997), 66.

일의 신학자 몰트만(J. Moltmann)과의 만남에서 이루어졌다.[8] 조용기는 몰트만을 여러 번 자신의 교회의 초청하고 함께 신학적 대화를 하면서 자신의 삼중축복의 신학의 결함을 조금씩 깨닫기 시작했다. 몰트만과 조용기는 모두 생명신학의 특징을 갖고 있는데 조용기의 생명신학이 개인적 차원의 생명신학이라면, 몰트만의 생명신학은 정치적 역사적 차원을 갖고 있는 생명신학이다. 조용기는 몰트만과의 만남을 통해 자신의 생명신학의 정치적, 역사적 차원의 결함을 인식하고 2005년부터 정의, 평화, 창조세계의 보전(JPIC)을 자신의 신학 속에 영입하기 시작했다.[9] 그러나 생명신학의 정치적, 역사적 차원은 아직 조용기의 삼중축복의 신학 속에 제대로 구현되어 있다고 보기는 어렵다.

---

8) 몰트만과 조용기와의 최초의 만남은 1995년이었다. 이 때 두 사람은 상호간에 공동의 경험과 생명의 하나님에 대한 공동의 인식이 있음을 알게 되었다. 이후 조용기는 2000년과 2004년 몰트만을 자신의 교회로 초청하였다.

9) 2005년 조용기는 몰트만에게 편지를 보내 자신이 변화했음을 고백했다. 조용기는 자신의 설교와 신학의 사회적, 역사적 차원의 결함을 발견하고 방향을 돌이켰음을 언급했다. 몰트만과 조용기와의 만남과 변화에 대해서는 다음의 논문을 보라. 낙운해, 몰트만신학과 한국신학, 미간행박사학위논문(서울: 장로회신학대학교, 2011), 130-153.

## 민중신학

일반적으로 한국 신학이라고 하면 민중신학만이 한국 신학으로 세계에 알려져 있다. 그러나 앞에서 언급한 박형룡의 신학이나 조용기의 신학에 비해 민중신학을 따르는 한국교회는 상대적으로 소수이다. 이것은 민중신학이 한국의 특정한 그룹이나 교회의 신학이지 전체 한국 교회를 대표하는 신학은 아니라는 뜻이고, 민중신학이 한국교회 전체를 대표하는 신학이 되지 못한다는 의미이다. 그러면 왜 한국교회의 다수는 민중신학을 자신의 신학으로 받아들이지 않았을까? 거기에는 매우 중요한 이유들이 있다.

첫째는 민중신학에 속죄론이 결여되어있는데 있다. 민중신학의 대표적 신학자인 안병무와 서남동의 신학 속에 예수의 십자가 죽음의 속죄적 성격이 나타나지 않는다. 한국교회는 예수의 죽음의 속죄적 성격을 복음의 핵심으로 이해하고 있다. 이것은 박형룡의 근본주의 신학이나 조용기의 오중복음과 삼중축복의 신학 모두에 공통적으로 나타난다. 그리고 예수의 속죄적 죽음은 한국을 선교한 서구 선교사들의 공통적 가르침이었다. 그런 까닭에 한국교회는 예수의 죽음의 속죄적 성격은 복음의 핵심 중의 핵심으로 이해했다. 그런데 민중신학은 의도적으로 이것을 부인하고 있는 것이다. 민중신학이 독재에 저항하고 인권과 민주화를 구현하는데 큰 공헌이 있음에도 불구하고 이 신학이 한국의 다수의 교회에서 배척을 받은 것은 바로 이 속죄론이 없는 신학이었기 때문이었다.

둘째는 예수의 육체적 부활에 대한 민중신학자들의 부정적인 태도이다. 안병무에 의하면 예수의 부활은 예수의 정신이 갈릴리의 민중들에게 부활한 것이다. 안병무는 예수의 육체적 부활을 믿지 않았다. 그런 까닭에 안병무의 정신을 이어받은 후예들은 작은 예수 전태일의 이름으로 기도하옵나이다를 언급할 수 있었다. 전태일은 청계천에서 노동운동을 한 청년으로 분신자살한 청년이다. 이 청년의 정신이 한국의 노동운동 속에 부활했기 때문에 전태일은 한국의 예수인 것이다. 한국의 다수의 교회는 이와 같은 민중신학의 입장을 받아들일 수 없었다.

셋째 문제는 민중이 주체가 되는 구원론이다. 한국의 다수의 교회는 구원의 주체는 철저히 하나님으로 믿고 있었고, 지금도 그리하다. 인간은 제2의 주체이지 첫째 주체는 될 수 없다. 하나님께서 역사변혁의 주체이기 때문에, 기도는 필수적이다. 그런데 민중신학은 이 첫째주체와 둘째주체 사이의 관계가 매우 혼란스러

웠다. 누가 진짜 주체인지, 기도가 정말 필요한지 혼란스러운 신학이 전개되고 있다. 민중의 힘이 구원한다는 이론은 공산주의의 프롤레타리아 혁명론과 과연 무엇이 다른지 한국의 다수 교회는 의심하고 있다.

넷째 문제는 민중신학의 성서관이다. 민중신학자 서남동에 의하면 성서이야기와 한국의 민중이야기 사이에 질적인 차이는 없다. 성서에는 이스라엘 백성의 민중 이야기가 있고 한국의 역사 속에는 한국백성의 민중 이야기가 있다. 그런 까닭에 서남동은 두 이야기의 합류를 이야기했고 탈성서화를 언급했다.[10] 한국교회는 성서의 하나님 말씀됨과 성서의 권위를 강하게 믿는 교회이다. 그런 까닭에 민중신학의 성서관은 한국의 다수교회의 걸림돌이었다.

다섯째 문제는 민중신학의 삼위일체론의 결여이다. 민중신학은 삼위일체론을 갖고 있지 않는 신학이다. 한국의 교회의 정황은 삼위일체론의 결여는 바로 이단으로 정죄된다. 민중신학이 이단으로 정죄되지 않은 것은 민중신학자들의 다수가 유명한 대학의 학자들이었기 때문일 것이고, 그들이 한국의 인권과 민주화를 위한 투쟁에 참여하면서 민주화를 열망하는 국민의 지지를 받았기 때문일 것이다. 그럼에도 불구하고 한국의

---

10) 서남동, "두 이야기의 합류," 『민중신학의 탐구』(서울: 한길사, 1983), 52-55.

다수의 교회의 민중신학에 대한 교리적 불만족은 매우 컸다. 예수의 참 하나님됨이 민중신학에서는 본질적으로 결여되어 있고 성령의 인격성에 관한 문제에도 심각한 결함이 있다. 민중신학은 동양종교의 기(氣)와 성령을 일치시키는 경향도 강하게 나타나는데 이런 것들은 이미 범신론적 차원으로 접어드는 것으로 다수의 한국교회가 용인하기에 쉽지 않았다.

민중신학이 위와 같은 큰 문제점들을 갖고 있었기 때문에 루터와 칼빈에서부터 내려오는 종교개혁신학의 전통을 공유하고 있는 한국의 다수의 교회들은 민중신학을 자신들의 신학으로 받아들이기를 거부했다. 민중신학이 한국의 신학인 것은 틀림없지만, 민중신학은 한국교회의 주류의 신학이라기보다는 정치적 민주화를 열망했던 그리스도인 그룹에 의해 형성되고 발전된 신학이었다.

그러나 민중신학을 자신의 신학으로 생각하고 받아들이는 교회가 상대적으로 적다해도 민중신학이 한국교회와 신학에 미친 영향이 적다고는 할 수 없다. 그 이유는 민중신학은 한국교회와 신학에 사회적, 정치적 책임의 중요성을 일깨워 주웠기 때문이다. 박형룡의 근본주의 신학에 없는 정의와 인권과 평화에 대한 교회의 책임은 민중신학에 의해 크게 촉발되었다. 온 신학이

지향하는 하나님 나라 신학 중 상당부분은 민중신학의 신학적 유산이고 발전이다. 오늘의 한국교회는 교회의 사회적, 정치적 책임에 대해 매우 민감하다. 과거 박형룡의 근본주의 신학이 교회의 정치적 중립론을 강하게 강조했는데, 오늘날 근본주의 성향의 교회들까지도 정치적 책임에 대한 인식이 발전한 것은 이 교회들이 민중신학에 대해 반대하면서도 상당 부분은 민중신학에 의해 교회의 사회적 정치적 책임의 중요성을 깨우치게 된 것이다. 박형룡의 근본주의 신학의 영향을 받은 교회들이 교회의 사회적, 정치적 책임을 깨달은 것은 물론 아브라함 카이퍼(Abraham Kuyper)를 비롯한 칼빈주의 전통에 대한 이해가 깊어지면서 생긴 것이다. 그럼에도 불구하고 이와 같은 방향으로 교회의 길을 선회시키는 장소에는 민중신학의 큰 신학적 도전이 있었다.

### 이종성의 통전적 신학

한국의 신학이 온 신학으로 발전하는데 가장 결정적으로 영향을 미친 사람은 이종성이다. 이종성은 한국교회의 처참한 분열현장에 있었던 사람으로 한국교회의 비극적 분열이 신학의 편협성에서 기인한다는 것을 간파한 신학자였다. 그는 일본과 미국과 영국 독일 등 세계의 넓은 신학과 접했고, 세계 신학의 다양성을 익히 알고 있었던 신학자였다. 그는 신학의 백과사전이라고 해도 과언이 아닐 정도로 전 세계 신학에 대해 폭넓게 알고 있었을 뿐만 아니라 고대교회의 신학에서부터 종교개혁의 신학 및 오늘의 현대신학까지 해박한 신학적 지식을 갖고 있었다. 그의 해박한 신학적 지식은 그의 조직신학대계 14권을 포함한 40권의 그의 신학전집 속에 잘 나타나있다.[11] 그는 칼 바르트에 버금갈 정도로 엄청난 양의 신학저술을 한 사람으로 한국에서는 그를 능가하는 양의 신학저술을 한 사람이 없다.

이종성의 통전적 신학이 한국적 신학인 이유는 그의 통전적 신학이 한국 사람에 의해 쓰여졌기 때문만이 아니다. 그의 통전적 신학은 장로교회만 200개 이상의 교회로 분열된 한국교회의 쓰라린 분열의 역사를 배경으로 탄생한 신학이기 때문이다. 또한 군사독재 시절의 좌우파로 갈려서 극렬하게 충돌한 한국의 이데올로기적 갈등과 충돌을 배경으로 하고 있기 때문이다. 남북분단의 현실은 오늘까지 남남갈등의 큰 원인이고 한국민족을 하나 되게 하지 못하는 민족적 분열의 원흉이

---

11) 이 40권의 신학전집은 2001년 한국기독교학술원에서 『춘계 이종성 저작 전집』이름으로 출간되었다.

다. 이종성이 다양한 신학과 다양한 정신에 대한 폭넓은 이해를 강조하는 것을 유럽의 신학자들은 이해하기 힘들지 모른다. 유럽은 각 나라마다 한 두 교파가 지배적인 위치에 있기 때문에 교파간의 대립이 상대적으로 적다. 그러나 과거 종교개혁 시대 이후에 일어났던 종교전쟁의 피의 역사를 생각해보면 한국교회의 분열의 참혹상을 이해할지 모른다. 한국교회는 세계교파의 전시관이라 해도 과언이 아닐 정도로 세계의 모든 교파가 들어와 있고, 특히, 교회분열의 세계적 원흉인 근본주의 신학이 강하게 영향을 미친 곳이다. 이런 까닭에 이종성의 통전적 신학은 한국의 토양 위에서 자란 에큐메니칼적 신학이다. 이종성의 통전적 신학은 한국교회를 치유하고 한국민족을 치유하기 위한 신학이었다. 그것은 교회의 평화와 민족의 평화를 꿈꾼 신학이었다.

이종성의 통전적 신학이 구체적 신학적 실체로 등장은 것은 1984년이었다. 이종성은 1984년에 『그리스도론』이라는 책을 출간하면서 통전적 그리스도론을 제창했다.[12] 이종성에 의하면 그리스도론은 위로부터의 그리스도론과 아래로부터의 그리스도론의 양대 흐름이 있는데 이 둘은 양자택일의 문제가 아니고 전체를 하나

---

12) 이종성에 의하면 통전적 그리스도론이란 그리스도의 전모(a total picture)를 그려보려는 그리스도론이다. 이종성, 『춘계 이종성 저작 전집 4, 그리스도론』(서울: 한국기독교학술원, 2001) 575.

로 파악해야 한다고 보았다. 예수께서는 참신이시자 참사람이라는 칼케돈 신조의 가르침은 양자택일의 그리스도론을 불가능하게 한다고 이종성은 생각했다. 이종성의 그리스도론적 시각을 한국의 신학에 적용해 보면 박형룡의 근본주의 신학은 그리스도의 참신되심을 강조한 위로부터의 그리스도론이고 민중신학은 민중인 인간 예수를 강조한 아래로부터의 그리스도론이다. 이종성의 시각은 위로부터의 그리스도론은 인간 예수의 역사성에 대한 이해가 부족하고, 아래로부터의 그리스도론은 예수 그리스도의 성자이심에 대한 삼위일체론적 이해가 부족하다.

이종성의 통전적 신학은 그의 성경관에도 잘 나타난다. 이종성은 성경이 하나님의 말씀이자 이 말씀에 대한 인간적 증언의 성격을 지니고 있다고 보았다. 즉, 성경은 신적인 측면과 인간적 측면을 모두 갖고 있다고 본 것이다. 이종성에 의하면 박형룡의 근본주의신학적 성경관은 성경의 인간적 측면을 간과한 약점이 있는 성경관이다. 이종성은 성서비평학을 철저히 반대한 박형룡은 성경연구의 바른길을 오도하는 잘못을 범하고 있다고 판단했다. 그러나 이종성은 서남동의 민중신학에서 볼 수 있듯이 탈성서화론을 잘못된 길이라고 평가했다. 왜냐하면 성경은 다른 세상의 책이나 민중 이야기와는 본질적으로 차이가 있는 하나님의 말씀이기 때문이다.

그러나 이종성은 근본주의 신학이나 민중신학이 모두 성경의 매우 중요한 어떤 정신을 계승하고 있다고 생각했다. 이종성의 안타까움은 이들이 모두 자신들의 편협한 신학에 갇혀 상대방을 비판하고 적대시하는 태도였다. 이종성은 이들의 신학 모두가 더욱 발전하고 성숙해야 된다고 생각했다. 그들의 단편적인 편협한 시각은 한국 교회의 바른 성숙의 길을 막는다고 이종성은 보았다.

이종성은 세계 신학적으로 보면 바르트(Karl Barth)도 좋아하고, 틸리히(Paul Tillich)도 좋아하고 몰트만(Jurgen Moltmann)도 좋아한 신학자였다. 이종성의 통전적 신학 속에는 이 세 신학자의 신학 정신이 잘 녹아있다. 물론 이종성은 이 세 신학자 모두에게 비판적으로 접근했다. 또한 이종성은 칼빈(J. Calvin)과 그 이후의 개혁파 신학에 대해 상대적으로 높은 평가를 하는 신학자였다. 그런 까닭에 이종성의 통전적 신학은 칼빈과 바르트 및 몰트만으로 연결되는 개혁파 신학의 전통이 깊이 녹아있는 통전적 신학이라고 볼 수 있다. 바르트가 개혁파 신학의 전통을 높이 평가한 것과 마찬가지로 이종성 역시 개혁파 신학의 전통을 높이 평가했고 이 신학의 전통 속에 온전한 신학의 중요한 내용이 강하게 존재한다고 보았다. 그런 까닭에 이종성의 통전적 신학은 개혁파 신학의 전통 위에서 더 폭넓고 온전한 신학을 위해 세계 신학의 다양한 흐름들과 대화하고 토론하면서 형성된 신학이라 할 수 있다. 그러나 이종성의 통전적 신학은 여러 신학을 통합하는데 무게 중심이 있었고 온전함을 추구하는 데는 상대적으로 약점이 있었다. 온전한 신학은 통합만으로 이루어지는 신학이 아니고, 바른 신학의 기준 위에서 잘못된 것은 고치고 중요한 것은 더욱 강조하고 새로운 정신을 첨가하면서 완성된다. 이종성의 통전적 신학은 신학적 통합의 힘들고 거친 과정이 비교적 성공적으로 이룩된 신학이다. 이 점에 있어서 이종성의 통전적 신학은 큰 공헌이 있다. 이종성의 통전적 신학은 온 신학을 위한 큰 틀을 마련한 신학이다.

# 온 신학의 범위와 목적

 온 신학은 이종성의 통전적 신학에서 발전한 신학이다. 그런 까닭에 온 신학은 이종성의 통전적 신학과 공유하고 있는 부분이 많다. 그러나 달라지고 발전된 부분도 상당히 있다. 그러면 온 신학은 어떤 신학일까?

## 온 신학의 범위

 온 신학의 범위는 온 세상이다. 온 세상에서 활동하시는 하나님의 활동의 전체를 이해하지 못하고는 온전한 신학은 불가능하다. 전통적 신학은 그리스도 중심적 신학이었다. 신학이 그리스도 중심적인 성격을 띠는 것은 매우 긍정적이다. 왜냐하면 예수 그리스도 안에 온전한 하나님의 계시가 나타났기 때문이다.[13] 예수 그리스도의 부활은 예수 그리스도 사건의 궁극성을 의미한다. 그런 까닭에 신학은 철저히 그리스도 중심적인 성격을 띠어야 하고 그리스도를 떠난 종교 신학은 매우 위험하다. 온 신학은 그리스도 중심적의 전통적 신학의 계시론을 매우 중요하게 생각하고 이를 계승하는 신학이다.

그러나 전통적 신학의 약점은 성령론적 차원의 중요성을 간과하는데 있다. 성령은 독일에서는 베를린(Berlin) 장벽을 허물고 동서 냉전의 역사에 종지부를 찍고 평화를 세우셨고, 남아프리카 공화국에서는 넬슨 만델라(Nelson Mandela)와 함께 인종 차별의 역사에 종지부를 찍고, 남아프리카 공화국의 새 역사를 여셨고, 한국에서는 세계에서 가장 처참했던 백성들을 가난에서 해방시켰을 뿐만 아니라 군사 독재의 억압의 사슬을 끊고 민주 대한민국을 세우신 엄청난 일을 하셨다. 신학이 성서 시대의 이야기만 반복하면 성령의 활동의

---

[13] 바르트에 의하면 예수 그리스도는 '하나님의 자기 계시'(Selbstoffenbarung Gottes)이다. 바르트는 이 하나님의 자기계시 개념에 근거해서 그리스도 중심적 신학을 발전시켰다.

폭넓음과 풍요로움을 상실하기 쉽다. 지금도 한국에서는 근본주의 신학의 영향권에 있는 설교자들이 의도적으로 설교에서 성경 이야기만 반복하는 경우가 매우 많다. 또한 성경 이야기만 반복하는 것을 설교의 권위이자 순수함으로 자랑하고 있다. 이는 세계 역사 속에 나타나는 성령의 활동의 엄청난 사건들을 간과하는 큰 오류이다. 온 신학은 하나님의 계시의 그리스도론적인 궁극성과 함께 세계를 구원하시는 성령의 활동의 다양성과 풍요로움을 신학의 대상으로 삼고 있는 신학이다. 특별히 오늘날 제3세계의 그리스도인들은 제1세계의 그리스도인들과는 다른 다양한 성령의 경험 속에서 살아가고 있다. 그들의 경험 가운데 많은 것들은 제1세계의 그리스도인들이 이해하기 어려운 것들도 많다. 온 신학은 전 세계의 그리스도인들이 경험하는 다양한 성령의 활동에 크게 열려 있는 신학이다. 그리고 세계 역사를 구원하고자 하시는 성령의 활동에 끊임없이 주목하는 신학이다.

　　신학은 남한과 북한의 평화통일에 관해서도, 시리아의 내전으로 처참해진 시리아의 평화에 관해서도, 신자유주의 경제로 말미암은 경제위기와 제3세계의 비극을 극복하는 길에 관해서도, 복음 전도의 길이 막힌 이슬람 세계의 문제를 해결하는 길에 대해서도, 쓰나미와

자연재해로 비극이 깊어지는 환경적 재앙의 극복의 길에 대해서도 분명한 답을 해야 한다. 왜냐하면 하나님께서 온 세상, 온 우주의 신이시고, 그 비극의 현장 속에서 일하고 계시기 때문이다. 온 신학은 온 세상의 문제를 신학의 주제로 삼는 신학이다. 여성신학, 흑인신학, 사회주의 신학, 민중신학, 환경신학 등은 특정 문제가 신학의 중심이 되는 신학이다. 그런 까닭에 신학적 주제에 매우 편협성을 지니고 있다.[14] 온 신학은 특정 주제만을 연구하는 신학이 아니다. 온 세상의 모든 문제가 신학의 중요한 주제들이다. 특정 주제만을 중요하게 생각하는 신학은 특정 주제에 대한 강조로 말미암아 다른 문제에 오히려 큰 피해를 주는 신학적 결론을 내기 쉽다. 예를 들면 환경 신학이 강조되면 제3세계의 가난한 나라들은 더욱 피해를 받는다. 제3세계의 가난한 나라들은 선진국이 요구하는 그 많은 환경 규제를 감당할 힘이 없다. 온 신학이 중요한 이유는 이 모든 것들이 균형 있게 발전되어야 하기 때문이다. 아무리 중요한 것도 균형을 잃어버리면 엄청난 피해를 일으키고, 결과는 파괴적이다. 온 신학은 온 세상의 문제를 다루

---

14) 몰트만이 '정치신학'(Politische Theologie)을 주창할 때 세계를 움직이는 중심에 정치가 있기 때문에 정치신학이라고 칭한다는 표현은 온 신학적 시각과 유사한 시각이다. 온 세계의 문제가 신학의 중요 주제인데 온 세계의 문제가 정치와 깊이 연루되어 있기 때문에 정치신학이라는 표현을 사용했다는 의미이기 때문에 내용상 온 신학적 시각과 맥을 같이 하고 있다고 볼 수 있다.

지만 그 모든 것들을 균형 있게 다루어서 참된 평화와 생명의 세계를 만들어 내려고 하는 신학이다.

## 온 신학의 목적

유럽의 신학자들은 일반적으로 제3세계의 신학을 수준 낮은 신학으로 평가하든지 아니면 지역적 특성을 갖는 신학으로 생각한다. 이 말의 뜻은 제3세계의 신학이 그 지역에서는 도움이 되는 신학일지 모르지만 유럽의 높은 신학에 본격적인 영향을 미칠 수 있는 그런 수준의 신학이라고 생각지 않는다는 말이다. 간단히 얘기하면 유럽의 신학자들의 눈에는 유럽의 신학은 높은 신학이고 제3세계의 신학은 낮은 신학이다.

오늘날 유럽의 교회들은 쇠퇴하고 있지만 아시아와 아프리카의 교회들은 빠른 속도로 성장하고 있다. 아시아와 아프리카의 그리스도인들은 다양한 성령의 활동의 경험 속에 있고 성령께서 일으키시는 놀라운 기적과 구원을 경험하고 있다. 아시아와 아프리카의 그리스도인들은 출애굽의 역사와 같은 구원의 역사를 경험하고 있고, 예수 부활과 같은 역사 속에서 일어날 수 없을 것 같은 엄청난 성령의 역사를 경험하고 있다. 온 신학은 유럽의 신학의 온전함에 회의를 갖고 있다. 온 신학은 유럽의 신학이 계몽주의 이성의 틀에 너무 많이 묶여서 하나님의 초월적 활동을 제대로 파악하는데 실패하고 있지 않나 의심하고 있다. 부활의 역사성을 부정한다든지, 예수 부활을 실존적 차원이나 신앙의 차원에서만 언급하려 한다든지, 성경 인물의 초월적인 하나님의 놀라운 구원의 경험을 역사의 차원에서 일어난 일이 아니라고 규정한다든지 하는 일들이 정말 바른 신학적 결론인지 의심하고 있다. 왜냐하면 아시아와 아프리카의 그리스도인들은 자신의 삶과 역사 속에서 죽은 예수를 살리신 하나님의 놀라움을 성령의 활동을 통해 직접 체험하고 있기 때문이다.

그렇다고 온 신학이 성서비평학의 학문적 가치와 공헌을 부정하는 신학으로 오해하면 안된다. 온 신학은 유럽 신학의 높은 학문적 업적을 높이 평가한다. 그럼에도 불구하고 온 신학은 유럽 신학이 갖고 있는 학문적 결함을 심각하게 인식하는 신학이다. 온 신학의 목적은 유럽의 신학을 능가하는 높은 신학을 추구하는 것이고, 결함이 없는 온전한 신학에 도달하려 하는 신학이다.

온 신학은 유럽의 신학과 미국의 신학, 아시아의 신학, 라틴 아메리카의 신학과 아프리카의 신학 등 세계의 신학과 깊이 대화하며 온전한 신학에 이르려는 신학이다. 온 신학은 본질적으로 대화적이다. 왜냐하면 열린 자세가 없이는 신학적 온전함에 도달하기 어렵기 때문이다. 온 신학은 한국에서 발전되고 있는 신학이지만 세계에 기여되기를 원하는 신학이다. 온 신학은 특정지역, 곧 한국에서 발전된 신학적 특징을 갖고 있는 것은 사실이지만, 목적은 온 세계를 향한 하나님의 활동을 정확히 설명하고자 하는 신학이다. 그런 까닭에 온 신학은 세계를 위한 신학이다. 온 신학은 유럽의 신학을 계승하면서 더욱 발전시키려고 하는 신학이다. 유럽 신학의 한계를 유럽 신학자들이 아는 것이 쉽지 않기 때문에 이를 느끼고 있는 한국의 신학자들이 더욱 온전한 신학을 구현하려는 신학이 온 신학이다. 20세기 후반에 등장한 라틴 아메리카의 해방 신학은 상당 부분 유럽과 미국의 신학에 도전이었을 것이다. 그런데 이 해방 신학은 주로 실천적인 영역, 윤리적인 영역에서의 충격이었다. 그런데 온 신학은 실천적인 영역뿐만 아니라 성서학과 조직 신학 등 신학 본연의 영역의 온전함을 추구하는 신학이다. 이렇게 온전함을 추구하는 이유는 전 세계 교회를 살리고, 또한 전 세계 역사를 살리기 위함이다. 온전하지 않는 신학은 교회를 약화시키고 세계 역사에 바른 기능을 하기 어렵다. 유럽의 신학을 배워오면 학문은 높을지 모르지만 교회는 약해지고 죽게 된다는 한국 교회 내에 오늘날 강하게 존재하는 비판을 유럽의 신학자들은 유념할 필요가 있다. 온 신학은 높은 학문적 신학을 추구할 뿐만 아니라 교회를 살아있게 만들려는 신학이다. 온 신학은 참으로 높은 학문적 신학은 성령의 활동을 바르게 파악할 것이고, 이렇게 바르게 파악된 신학은 교회뿐만 아니라 세계 역사까지도 결정적으로 새롭게 만들 것이라고 믿는 신학이다.

# 온 신학의 특징

## 삼위일체 신학

삼위일체론은 온 신학의 핵심이자 근거이다. 한국의 민중신학의 큰 문제점은 삼위일체론의 결여이다. 온 신학은 민중신학이 한국의 역사 발전과 민주화에 기여한 공로를 인정한다. 그리고 민중의 자각과 민중의 주체성에 대한 강조 역시 귀중한 신학적 유산으로 생각한다. 그러나 예수 그리스도의 성자됨에 대한 인식의 부족 및 속죄론의 결여는 민중신학의 심각한 문제점으로 생각한다.[15] 예수의 성자됨의 중요성을 알지 못하든지 속죄론이 없는 신학은 심각한 신학적 문제점이다. 이런 특징의 신학이 결함이 고쳐지지 않고 퍼져 나가는 것은 궁극적으로는 교회의 존립이 위태로운 것이고, 신학에서 은총의 신학이 사라지고 인간의 행동의 신학만이 남을 위험성이 있다.

한국의 민중신학이 '기(氣)가 성령이다'라고 주장하는 것도 매우 위험하다. 성령께서 만유 속에 역사하신다는 말과 '기가 성령이다'라는 말은 큰 차이가 있다. 기가 성령이라는 말은 성령과 피조물의 질적 차이를 제대로 인식하지 못하는 엄청난 위험이 있다. 성령과 만물의 생기는 하늘과 땅 만큼 큰 차이가 있다. 성령께서는 만물의 생기를 유지시키는 힘이자 능력이지만 만물의 생기가 성령은 아니다. 민중신학의 이와 같은 참담한 오해는 민중신학자들의 다수가 삼위일체론을 믿지 않기 때문이다.

오늘의 세계 신학의 큰 위험중의 하나는 삼위일체론이 결여된 신학을 많은 신학자들이 전개하고 있는데 있다. 20세기에 삼위일체론은 칼 바르트와 위르겐 몰트만을 통해 세계 신학계에 크게 복구되었지만 그럼에도 불구하고 세계의 신학 속에 삼위일체론이 결여된 신

---

15) 서남동, "민중(씨알)은 누구인가," 『민중신학의 탐구』 217-218. 서남동의 민중 메시아 개념은 민중의 주체성에 대한 강조가 지나쳐서 예수 그리스도의 유일한 메시아 되심이 희생되는 결과를 초래했다.

학은 너무나 광범위하게 존재하고 있다. 종교다원주의(Religions Pluralism) 신학은 거의 예외 없이 삼위일체론이 결여되어 있다. 과정 신학(Process Theology) 역시 삼위일체 신학과는 상당한 간격이 있다.

    온 신학은 삼위일체론을 중요하게 생각하고 예수 그리스도의 속죄적 죽음의 중요성을 강조한다. 예수 그리스도의 죽음의 대속적 성격은 철저히 예수 그리스도의 성자됨과 관련되어 있다. 삼위일체론이 사라지면 속죄론은 동시에 사라진다. 이는 신학의 터전이 무너지는 것으로 세계 신학이 정신 차리고 파수해야 하는 바른 신학의 결정적 보루이다. 민중신학자 안병무가 속죄론은 역사의 예수에 근거될 수 없는 바울의 창작물로 설명한 것은 온 신학이 결코 받아들일 수 없는 그릇된 주장이다. 안병무의 이와 같은 주장 배후에는 자유주의 신학의 긴 진통과 바울과 예수를 극단적으로 구분한 하르낙(Adolf von Harnack) 이후의 유럽 신학의 전통이 있을 것이다. 온 신학은 이와 같은 잘못된 신학의 전통을 바로 잡으려 하는 신학이다.

## 하나님의 주권과 은총의 신학

이종성의 통전적 신학은 하나님이 온 세상의 주이심에 대한 신앙에서 출발하고 있다. 그런 까닭에 온 세상 속에는 하나님의 통치와 연관된 흔적들이 존재하고 있고, 이를 예수 그리스도의 계시의 빛에서 밝혀내는 것이 통전적 신학의 중요한 과제이다. 이종성에 의하면 세계 역사 속에, 또한 세계 종교 속에까지 하나님의 통치의 흔적들은 존재한다. 이종성에 의하면 하나님은 세상 속에서 유일무이한 절대자이시다. 이와 같은 이종성의 하나님의 주권의 신학은 상당부분 칼빈주의 신학에서 전래된 것이다.

이종성의 통전적 신학이 하나님의 절대성을 강조하고 하나님의 역사의 주이심을 강조했다면, 온 신학은 아우슈비츠(Auschwitz)의 비극과 예수 그리스도의 십자가 죽음 속에 나타난 하나님의 고난의 계시의 중요성을 함께 생각하는 신학이다. 온 신학은 하나님의 전능하심과 무능하심을 함께 생각한다. 이종성의 통전적 신학이 하나님께서 온 세상의 통치자이심을 강조했다면 온 신학은 그것과 더불어 어떤 형태의 통치자이신지를 깊이 숙고하는 신학이다. 여기에 이종성의 통전적 신학과 온 신학 사이에 약간의 차이점이 있다.

온 신학은 세계 역사가 하나님의 간접적 자기계시라는 판넨베르크(W. Pannenberg)의 역사이해에 동의하지 않는다. 세계 역사는 그렇게 단순하지 않다. 세계 역사의 한 복판에 십자가가 서 있다는 것을 우리는 유념해야 한다. 온 신학은 하나님께서 인간을 창조하신 그 순간에 이미 십자가의 고난을 각오하셨다고 믿는다. 왜냐하면 자유를 가진 인간의 창조는 죄로 물든 역사의 탄생을 필연적으로 예고하고 있기 때문이다. 죄로 물든 인간의 역사는 심판으로 귀결될 수밖에 없다. 그런데 인간의 창조가 인간의 심판으로 귀결된다면 인간의 창조는 무슨 의미가 있을까?

　　온 신학은 하나님께서 인간을 창조하신 것이 어마어마한 하나님의 은총의 역사의 시작이라고 생각한다. 하나님께서 인간에게 자유를 부여하심은 인간을 살리기 위한 하나님의 죽음에 대한 각오가 동반하고 있기 때문이다. 온 신학은 하나님의 은총의 승리의 신학을 얘기하려는 신학이지 율법적인 하나님의 심판의 통치를 얘기하려는 신학이 아니다. 세상을 창조하시고 통치하시는 하나님의 주권은 율법적 성격의 정의로운 신의 통치가 아니다. 그것은 어마어마한 사랑과 은총의 물결의 승리를 얘기하는 신의 통치이다.

　　세계역사를 움직이는 주체는 하나가 아니다. 온

신학은 크게 네 주체가 있다고 생각한다. 첫째는 역사의 주이신 하나님이다. 하나님 외에 다른 역사의 주체가 있는 것은 하나님께서 이를 허용하셨기 때문이다.[16] 하나님께서 이를 허용하신 이유는 진정한 하나님의 영광의 세계는 자유로운 피조물의 감사와 기쁨이 동반되어야 하기 때문이다. 그러나 하나님 외에 다른 역사의 주체를 하나님과 경쟁적 차원의 주체로 생각하면 안된다. 둘째는 그 하나님으로부터 자유를 부여받은 인간이다. 셋째 온 신학은 자연과 모든 피조물들도 역사의 하나의 주체라고 생각한다. 모든 피조물도 인간과 마찬가지로 자유를 지니고 있다. 기후 변화나 지각 변동 속에서 피조물에게 부여된 어떤 자유와 관련된 연결점이 있다. 인간의 자유와 피조물의 자유는 엄청난 아름다운 세계를 만들 개연성이 있지만 동시에 엄청난 비극을 만들 가능성을 내포하고 있다. 역사의 네 번째 주체는 마귀이다. 유럽의 신학자들 중 상당수는 마귀에 대해 언급하는 것을 주저하겠지만 온 신학은 마귀에 대한 깊은 인식이 없는 신학은 바른 신학이 아니라고 생각한다. 마귀는 자신에게 부여된 자유를 오용하는 대표적인 파괴적인 존재이다.

---

[16] 온 신학은 창조를 하나님의 '자기제한'(Selbstzurücknahme Gottes)으로 이해한 몰트만의 이해에 긍정성을 갖고 있다. 왜냐하면 인간과 피조물의 자유는 하나님의 전능성의 제한과 동반하기 때문이다.

하나님께서 인간에게 자유를 부여하신 것은 엄청난 은총이었다. 그런데 이 은총이 인간의 타락과 역사의 비극으로 나타나고 있는 것이다. 하나님을 이 세계의 절대적 통치자로만 생각하면 아우슈비츠의 비극의 궁극적 원인은 하나님으로 귀착되고 하나님이 범죄의 원인이 된다. 온 신학은 하나님의 통치는 철저히 사랑과 은총의 통치이지 운명의 회오리바람을 만드는 천상의 통치자의 통치 개념을 반대하는 신학이다. 세상의 비극은 피조물과 연관되어 있지 결코 하나님과 연관되어 있는 것은 아니다.

역사 속에는 마귀의 활동이 있고 인간과 피조물에 의해 만들어지는 수많은 비극들이 있다. 그러면 하나님의 통치와 주권은 무슨 의미가 있을까? 온 신학은 '예수 그리스도께서 구원자이시다'라는 대명제를 중요하게 생각한다. 하나님께서는 세상의 모든 비극과 고통을 스스로 감당하시면서 인간과 세상을 살리시는 상상을 초월하는 어마어마한 구원의 역사를 시작하신 것이다. 이것은 어마어마한 사랑과 은총의 역사이다. 신의 명령에 복종하는 로봇으로 구성된 세계를 통치하는 것은 쉬울 것이다. 그러나 자유가 부여된 세계는 매우 위험하고 엄청난 죄악과 비극을 동반한다. 하나님은 세상을 창조하실 때 이미 이 비극을 알고 계셨고, 그 비극 속에 함께 계시길 결정하셨고, 엄청난 고난을 인내하시기로 작정하셨고, 그 깊고 깊은 사랑과 은총으로 세상과 인간을 살리기로 작정하셨다.

온 신학은 통전적 신학의 전통을 이어받아 하나님께서 역사의 주이시다고 생각한다. 그런데 역사의 주이신 하나님의 통치는 어마어마한 은총과 사랑의 통치이다. 이 은총과 사랑의 통치는 인간과 세상이 만들어가는 세상 역사를 구원하는 역사로 새로운 역사이다. 그것은 어둠 속에서 빛이 동터 오르는 것처럼 희망과 기쁨의 시대가 도래하는 역사이다. 민중신학이 민중이 역사를 구원할 것이라는 역사관을 피력했는데 이는 잘못이다. 역사를 참으로 구원하는 분은 하나님이시지 민중이 아니다. 마르크스주의 운동에서 볼 수 있듯이 프롤레타리아가 역사의 주이라는 구호도 잘못이다. 참으로 새로운 역사를 만드는 분은 하나님이시고 민중이나 프롤레타리아는 이 하나님에 의해 사로잡히고 사용되는 한에 있어서 새 역사를 만드는 제2의 주체자로 볼 수 있다.

## 온전한 복음(The whole Gospel)

예수 그리스도 외에 다른 생명의 주는 없다. 이것은 온 신학의 신학적 대주제이다. 예수 그리스도 외에 다른 생명의 주가 없는 이유는 예수 그리스도의 부활과 깊이 관련되어 있다. 예수 그리스도 외에 죽음을 깨뜨리고 부활한 존재는 없다. 인간과 세상을 뒤덮는 최대의 원수인 죽음은 오직 예수 그리스도를 통해서만 부서졌다. 예수 그리스도는 성자이시고 하나님의 궁극적 계시이고 예수 그리스도 안에 인간과 세상의 참 소망이 존재한다.

아시아에 여러 중요한 종교가 있다고 해서 아시아 신학은 다양한 종교의 가능성을 열 것이라고 생각하는 것은 잘못이다. 종교다원주의로 가는 아시아 신학은 온전한 신학이 아니다. 유럽과 미국의 신학자들이 기독교 제국주의의 오명을 벗기 위해 아시아 종교의 가능성을 여는 친절을 베푼 것은 생명의 주를 제대로 알지 못하는 잘못이다. 이런 잘못이 오늘날 세계 신학과 세계교회의 상당부분을 잠식하고 있기 때문에 복음의 선교는 힘을 잃고 약화되고 있다. 아시아와 아프리카의 성장하는 교회들은 거의 예외 없이 예수 그리스도 외에 다른 생명의 주가 없다는 신념을 갖고 있다. 기독교 선교를 타종교와 대화로 바꾸는 것은 선교에 대한 크나큰 위기이다.

복음은 예수 그리스도이시고 예수 그리스도 외에 다른 복음은 없다! 예수 그리스도 외에 다른 복음을 첨가하는 것은 이미 온전한 복음이 아니다. 그것은 복음의 심각한 변질이다. 종교 간의 평화를 위한 노력과 선교를 위한 노력을 혼동하면 안된다. 타종교에 많은 선한 것들이 있다 할지라도 타종교가 구원의 길일 수 있다고 단정하는 것은 매우 위험한 단견이다. 온 신학은 오늘날 세계 신학 속에 이와 같은 단견이 유행하는 것을 매우 우려하고 있다. 아시아에서 아시아 종교들을 경험하면서 살아온 아시아의 그리스도인들은 대다수 예수 그리스도 외에 다른 생명의 주가 없다는 확신을 더 깊이 갖고 있다.

온전한 복음은 예수 그리스도 안에 계시되어 있다. 이 복음은 너무나도 놀라운 복음이고 세상에 존재하지 않았던 놀라운 기쁜 소식이다. 그것은 인간과 세상을 구원하지 못하는 가짜 신에 대한 이야기가 아니고 참으로 인간과 세상을 구원하는 구원자에 대한 이야기이다. 그 복음은 놀라운 능력으로 현존하고 있고, 인간과 세상을 참으로 살리고 기쁨의 세계를 만들고 있다. 아시아의 그리스도인들은 가짜 신에 대한 이야기를 너무 많이 들었고, 또 너무 많이 절망했다. 그 가짜 신을 다시 찾아내어 진짜 신의 옷을 입히는 수많은 서구의 신학자들에 대해 아시아 그리스도인들은 크게 실망하고 있다. 온전한 복음은 예수 그리스도 안에 있고, 예수 그리스도만이 단 한 분 생명의 주이시다.

그런데 예수 그리스도의 복음을 영혼의 구원을 위한 복음으로 축소시킨 박형룡 계열의 근본주의 신학에 대해 온 신학은 크게 비판한다. 예수 그리스도의 복음은 영혼을 살리는 영혼만의 복음이 아니다. 복음서를 읽어보라! 예수그리스도는 병자들을 실제로 고치신 분으로, 소경과 나병 환자들의 진정한 구원자이셨다. 예수 그리스도의 복음은 영혼만이 아니라 육체도 사망의 세력에서 구원하는 복음이다. 조용기의 삼중축복의 신학은 이점에 있어서는 박형룡의 근본주의 신학보다 더 복음적이고, 온 신학을 향해 진일보한 신학이다. 그러나 삼중축복이 신하이 정이아 평화이 세계를 향한 예수 그리스도의 메시아적 사역에 대한 이해가 없었던 것은 큰 약점이다. 예수 그리스도의 복음은 인간을 육체의 고통에서만 해방시키는 복음이 아니다. 세상을 지배하는 마귀의 지배를 부수고 하나님의 의와 생명과 평화의 세계를 만드는 복음이다. 정의와 평화와 생명은 메시아 왕국의 상징적 개념이다. 온전한 복음은 하나님 나라의 오심과 구현에 관한 복음이다. 그것은 하나님의 의와 평화와 생명이 인간의 육체뿐만 아니라 온 세상에, 그리고 모든 피조 세계에까지 깃드는 참으로 기쁜 세계를 향한 복음이다. 죽음도 없어지고 영원한 생명과 영원한 기쁨이 온 세상에 충만하게 되는 세상을 향한 복음이 온전한 복음이다. 그런데 이 세계는 힘없는 가짜 신이 만드는 세계가 아니다. 오직 죽음을 깨뜨리고 부활하신 진정한 생명의 주이신 예수 그리스도를 통해 만들어지는 세계이다.

## 하나님 나라를 위한 신학

온 신학은 예수 그리스도의 복음전파와 하나님 나라 구현을 위한 신학이다. 앞의 온전한 복음에 관한 항목에서 예수 그리스도의 복음에 대한 언급을 이미 했다. 그러면 하나님 나라를 위한 신학이란 무엇일까?

온 신학은 성경이 언급하는 하나님 나라에 대한 가르침은 두 가지라고 생각한다. 첫째는 하늘에 있는 하나님 나라이다. 이 하늘에 있는 하나님 나라는 현재 하나님께서 거하시고 계신 곳이다. 예수 그리스도를 믿고 죽은 자들이 역사의 마지막 날까지 머물러 있는 곳도 하늘에 있는 하나님 나라로 추정된다. 박형룡의 영혼의 신학은 전도를 통해 영혼을 구원해서 이 하나님 나라로 보내는 것에 초점을 둔 신학이었다.

그런데 성경 속에는 또 다른 개념의 하나님 나라가 있다. 이 하나님 나라는 역사의 미래에 지상에 건설될 하나님 나라이다. 박형룡의 영혼의 신학은 이 하나님 나라에 대해 매우 부정적이었다. 왜냐하면 박형룡은 역사가 발전해서 유토피아의 세계가 오고 하나님 나라가 건설된다는 사상을 자유주의 신학의 오류로 단정했기 때문이다. 박형룡은 역사는 자꾸 나빠져서 결국 세상은 마귀가 지배하는 세상이 된다는 역사에 대한 비관주의를 갖고 있었다. 박형룡은 이 역사에 대한 비관주의를 정통주의 신학의 역사관으로 한국에 가르쳤다.

그런데 박형룡의 역사관을 가르치게 되면 교회는 심각한 문제에 빠진다. 그 심각한 문제는 교회의 사회적, 정치적 책임이 근본적으로 무너질 가능성이 있기 때문이다. 이 세계 역사가 자꾸 나빠지고 결국 마귀가 지배하는 세상이 되도록 규정되어 있다면 세계 역사를 개혁하기 위한 노력은 큰 의미를 지닐 수 없게 된다. 박형룡의 근본주의신학은 교회가 영혼을 구원하는 구원의 방주의 기능을 하도록 만들었지, 역사를 개혁하는 교회로 만드는 데는 근본적으로 불가능한 신학이었다. 이는 한국의 역사 속에 그대로 나타났다. 한국의 군사

독재와 민주화 투쟁의 시기에 박형룡의 영향을 받은 교회에서 군사독재에 저항한 민주 인사들은 거의 나오지 않았다. 박형룡의 근본주의 신학은 영혼구원을 위한 전도에 열심인 성도들은 길러냈지만 정의와 평화를 수립하기 위해 세상에서 일하는 성도들을 길러내지 못했다. 넬슨 만델라(Nelson Mandela)나 마르틴 루터 킹(Martin Luther King Jr.)과 같은 하나님 나라를 위한 인재는 길러낼 수 없었다.

한국에서 하나님 나라 신학의 본격적인 발전은 위르겐 몰트만의 신학적 영향과 깊이 관련되어 있다. 몰트만의 희망의 신학, 정치신학, 평화신학 등은 한국의 많은 신학자들과 교회에 영향을 미쳤고 온 신학의 발전에도 크게 영향을 미쳤다. 몰트만의 신학은 처음에는 한국의 민중신학의 발전에 영향을 미쳤다. 한국의 민중신학은 몰트만의 신학과 함께 발전했고, 이 과정에서 많은 민중신학자들은 몰트만과 친구가 되었다. 그런데 한국의 민중신학과 몰트만의 신학은 상당한 차이가 있다. 그 중요한 차이는 민중신학 속에는 삼위일체론이 없고, 속죄론이 없고, 민중의 자기 구원론(Selfsalvation of Minjung)이 있다는 점 등이다. 그러나 민중신학자들은 교회의 정치적 책임과 하나님 나라 구현을 위한 교회의 사명에 대한 신학적 인식은 몰트만에게서 많은 영향을 받았다.

몰트만의 신학은 조용기의 삼중축복의 신학에도 영향을 미쳤다. 몰트만의 민중신학에 대한 영향은 이미 1970년대부터 나타나는데, 조용기의 신학에 대한 몰트만의 영향은 1990년대 후반부터 시작되었다. 조용기는 여러 차례 몰트만과의 만남을 통해 자신의 신학이 너무 개인적 차원으로 협소화된 신학이라는 것을 인식하게 되었다. 조용기와 몰트만은 모두 하나님의 구원이 영혼에만 미치지 않고 구체적 삶 속에, 육체 속에 나타난다는 점에 신학적 일치가 있었다. 그러나 조용기는 몰트만을 만날 때까지는 하나님의 구원의 사회적 정치적 차원을 잘 알지 못했다. 2005년 조용기가 자신의 목회방침으로 정의와 평화와 창조의 보전을 공식적으로 선포한 것은 조용기 신학의 발전이자 한국의 오순절주의 교회의 큰 신학적 변화를 알리는 순간이었다.

몰트만의 하나님 나라 신학은 한국 장로교 통합측에도 깊은 영향을 미쳤는데, 1985년 장로회신학대학교 교수회가 선언한 신학성명 속에 이미 몰트만의 하나님 나라 신학이 나타나기 시작했고, 2001년에 발표된 장로회신학대학교의 신학교육성명 속에는 매우 구체적으로 자세히 기술되어 나타나고 있다. 1985년의 신학성명과 2001년의 신학교육성명은 장로회신학대학교 내에 발전된 온 신학이 하나님 나라를 위한 신학이라는 것을 극명하게 잘 드러내고 있다. 2003년에 발표된 한국장로교 통합측의 21세기 신앙고백서 역시 몰트만의 하나님 나라 신학의 영향을 깊이 느낄 수 있는 신앙고백서이다.

온 신학은 하나님 나라를 위한 신학이다. 그런데 온 신학의 하나님 나라 사상은 19세기 자유주의 신학의 하나님 나라 사상과는 많은 차이가 있다. 온 신학은 역사가 발전해서 유토피아의 세계가 온다는 역사에 대한 낙관주의를 옳은 역사관으로 생각지 않는다. 온 신학은 마귀의 활동과 이에 상응하는 인간의 죄악으로 말미암을 역사의 비극의 가능성을 잘 알고 있다. 역사가 파국에 직면할 가능성도 있다는 것을 잘 알고 있다. 그럼에도 불구하고 온 신학은 역사에 대해 희망을 선포하는 신학이다. 역사에 희망이 있는 것은 마귀가 아무리 강하다 할지라도, 인간의 죄악이 아무리 깊다 할지라도, 주님께서 더 강하시고 마침내 이 역사 속에 주님의 승리가 나타날 것이라고 믿기 때문이다. 온 신학은 역사에 대한 비관주의나 역사에 대한 낙관주의 모두를 바람직한 역사관으로 생각지 않는다. 온 신학은 성령에 의한 새 세계에 대한 희망을 선포하는 신학이다. 온 신학은 하나님 나라는 성령에 의해 건설되고 교회는 이 하

하나님 나라를 향한 메시아적 공동체라는 것을 선포하는 신학이다.

### 대화적 신학

온 신학은 온전한 진리에 도달하고자 하는 신학이다. 온전한 진리에 도달하기 위해서는 폭넓은 신학적, 사상적 대화가 절실히 필요하다고 생각하는 신학이 온 신학이다. 타 학문이나 타 종교와의 대화도 매우 중요하다고 생각한다. 이 대화의 폭이 넓을수록 더 온전한 진리에 가깝게 도달할 수 있다고 생각하는 신학이 온 신학이다.

온 신학은 신학의 성령론적 차원을 깊이 인식하고 있는 신학이다. 세세의 나양한 신학들은 성령에 의해 촉발되고 만들어지고 있는 신학들이다. 다양한 신학의 배후에는 성령의 활동이 깊이 존재할 가능성이 많다. 그런 까닭에 폭넓은 신학적 대화는 성령의 폭넓은 활동을 이해할 가능성을 넓혀준다. 현요한이 쓴 『성령 그 다양한 얼굴』은 자신의 전통에 갇혀 한 가지 성령론 밖에 이해하지 못하는 좁은 편견을 가진 교회와 신학에 대해 큰 교훈을 주는 책이다.[17] 현요한은 본체론적 성령론,

성례주의적 성령론, 주지주의적 성령론, 주의주의적 성령론, 강점주의적 성령론, 권능주의적 성령론 등 세계의 다양한 성령론을 언급하면서 통전적인 온전한 성령론을 설명하고 있다. 방언을 하지 못하면 성령세례 받지 못한 사람이라고 주장했던 지난날의 오순절주의 교회의 주장은 현요한의 글을 읽으면 자신의 편협성을 알고 되고 타 교회에 대한 중요성과 존경심을 느끼게 된다. 이런 의미에서 온 신학은 참으로 에큐메니칼적인 신학이고 교회를 하나 되게 만드는 신학이고, 온전한 신학으로 가는 길을 여는 신학이다.

    온 신학은 현재 자신의 신학을 절대적이라고 생각지 않는다. 끊임없이 개혁하는 교회가 개혁파교회의 정신이라면 온 신학 역시 끊임없이 개혁하는 신학이다. 온 신학은 통전적 신학의 제창자인 이종성의 신학에 묶여있는 신학이 아니다. 또한 한국의 온 신학 발전에 큰 영향을 끼친 위르겐 몰트만의 신학에도 묶여 있는 신학이 아니다. 온 신학은 전 세계적 대화를 향해 열려 있는 신학이고 온전한 진리를 향해 이끄시는 성령의 활동에 복종하는 신학이다.

    유럽의 루터파 교회는 아욱스부르크(Augsburg)

---

17) 현요한, 『성령 그 다양한 얼굴』(서울: 장로회신학대학교 출판부, 1998), 현요한은 이 책에서 하나의 통전적 패러다임을 향하여 라는 부제를 붙였다.

신앙고백서에 묶여서 새로운 변화에 대해 매우 느리다. 한국의 상당수의 보수장로교회 역시 웨스트민스터 (Westminster) 신앙고백서를 거의 절대화 하면서 다른 신학사상을 정죄하기 바쁘다. 이런 교회들은 성령께서 행하시는 새로운 신학적 활동을 제대로 인식하지 못하는 교회들이다. 온 신학은 세계의 수많은 교회들이 자신들의 좁은 신학 전통의 우물 속에 갇혀서 지금 이곳에서 말씀하시는 하나님의 말씀을 듣는데 실패하고 있는 것을 안타깝게 생각한다. 온 신학은 본질적으로 개방적이고 대화적이고 지금 여기에서 말씀하시는 하나님의 말씀을 찾아가는 성령론적 신학이다.

온 신학은 성경에 매여서 성경시대의 문화를 절대화하는 근본주의 신학에 대해 비판적이다. 근본주의 신학은 매우 시대착오적인 가르침을 하나님의 말씀으로 착각하며 가르친다. 근본주의 신학은 성경에 묶여서 신학의 성령론적 차원을 거의 인식하지 못한다. 여성목사, 여성장로를 거부하는 한국의 근본주의 교회들은 성경시대를 절대화하면서 이 편협한 우물 속에 갇혀 오늘날 활동하시는 성령의 활동을 전혀 알아내지 못하고 있다. 온 신학은 한편으로는 예수 그리스도 계시의 절대성을 중요하게 생각하지만 다른 한 편으로는 지금 여기에서 활동하시는 성령의 다양한 활동에도 크게 열려있는 신학이다. 온 신학은 오늘날 성령께서는 여성목사를 세워서 큰 일을 행하시길 원하신다는 것을 잘 알고 있다. 노예 해방, 여성 해방 등은 모두 성령의 활동과 깊이 연계되어 있는 귀중한 성령의 역사들이다.

온 신학이 대화적 신학이라는 말은 세계의 다양한 신학과의 대화만 의미하는 것이 아니다. 타 종교와 타 사상 및 자연과학과의 대화도 귀중하고, 세계 역사와도 깊이 대화한다는 뜻이다. 온 신학은 온이란 말의 의미하는 그대로 온 세상이 신학의 대상이고 그 온 세상에서 활동하고 계시는 성령의 활동이 신학의 매우 중요한 대상이라는 것을 가르치는 신학이다. 그리고 이 온 세상을 하나님 나라로 바꾸기 위한 성령의 길이 무엇인지를 찾는 신학이 온 신학이다.

### 기도의 신학

온 신학은 기도의 중요성을 가르치는 신학이다. 온 신학이 민중신학의 민중의 자체 구원론에 대해 비판적인 것은 민중의 자각과 활동에 대해 비판적인 것이 아니다. 오히려 그 점은 민중신학의 장점이다. 온 신학이 민중신학에 대해 비판적인 것은 참된 구원자에 대한 인식이 결여되어 있는 점이다. 인간과 세상을 구원하는 분은 하나님이시지 결코 인간 자신이 아니다.

온 신학은 독일의 블룸하르트(Blumhardt) 부자와 칼 바르트의 신학적 유산을 존중한다. 이 신학적 유산을 존중하는 이유는 이 참된 구원자에 대한 인식이 분명하고 목회와 실천에 있어서 기도의 중요성이 철저히 강조되고 있기 때문이다.[18] 세계의 많은 철학적 신학 속에 기도의 중요성에 대한 강조는 찾기 힘들다. 기도의 중요성을 알지 못하는 신학은 아직 온전한 신학이 아니다.[19]

한국의 교회는 기도하면서 성장한 교회이다. 무엇이 한국 교회인가를 물으면 '한국교회는 기도하는 교회이다'라고 답할 수 있다. 한국교회는 세계 어느 교회보다 더 많이 더 열정적으로 기도하는 교회이다. 한국교회 영성의 핵심은 기도에 있다. 한국교회의 새벽기도회는 세계 어느 곳에서도 찾기 어려운 한국교회만의 독특한 특징이다. 한국의 대표적인 대형교회인 명성교회는 새벽기도회로 세계에 명성이 높다. 한국교회는 기도가 역사를 바꾼다고 믿는 교회이다. 한국교회의 신학교는

---

18) 김명용, 『칼 바르트의 신학』(서울: 이레서원, 2011⁴), 55-73.
19) 바르트의 신학은 기도의 중요성이 강조된 신학이다. 바르트에 있어서 "하나님을 찾으라"(시50:15)는 명령은 모든 신적인 명령의 토대이다. K. Barth, *Das Christliche Leben* (Zürich: 1976), 67. 바르트의 윤리학은 기도로 시작되는 윤리학이다. 온 신학은 이와 같은 바르트의 시각을 긍정적으로 평가한다.

기도하면서 수업을 시작하고 매일 수업을 한 시간씩 중단하고 예배를 드리고 기도한다. 밤을 새워서 기도하는 신학생들도 많다. 소나무를 붙들고 기도하면서 소나무 한그루 정도는 뿌리를 뽑아야지 목회하러 나갈 수 있다고 믿었던 사람들이 한국의 신학생들이었다. 그리고 이들이 기도하면서 한국교회를 세계에서 가장 빠른 속도로 발전시켰다.

온 신학은 인간과 세상의 참된 구원자에 대한 강조가 그 어떤 신학보다 강한 신학이고 기도의 중요성을 강조하는 신학이다. 기도가 살아있지 않는 교회는 망하게 된다고 가르치는 신학이 온 신학이다. 온 신학은 사변적인 신학이 아니고 매우 실천적인 신학이다. 온 신학은 세상과 역사 속에 활동하는 마귀의 활동의 심각성을 인식하고 있는 신학이고, 그런 까닭에 깊은 기도 없이 참된 승리가 불가능하다는 것을 가르치는 신학이다. "하나님을 찾으라, 그리하면 살리라" 이것이 온 신학의 대주제이다.

### 사랑의 윤리

하나님 나라를 세우기 위한 예수 그리스도의 길은

사랑과 섬김이었다. "칼을 도로 칼집에 꽂으라. 칼을 가지는 자는 다 칼로 망하는 법이다. 너는 내가 내 아버지께 구하여 지금 열두 군단도 넘는 천사를 보내시게 할 수 없는 줄로 아느냐"(마 26:52-53). 온 신학은 폭력의 힘을 믿지 않는다. 온 신학은 징기스칸이나 알렉산더를 인류의 영웅으로 생각지 않는다. 힘으로 남의 나라를 쳐들어가서 백성을 죽이고 성을 불태우고 한 자들을 세계 역사가들은 영웅으로 칭송할지 모르나 온 신학은 이런 역사관에 대해 매우 회의적이다.

온 신학은 히틀러(A. Hitler)의 역사 속에 마귀의 깊은 활동이 있었다고 생각한다. 전쟁과 살인과 죽음의 역사 뒤에는 마귀가 있다. 마귀는 살인의 영(요 8:44)이고 전쟁과 살인과 민족 이기심의 정치 뒤에는 마귀가 있다.[20]

온 신학은 1980년대 유럽 내에 진행된 평화신학과 평화운동의 역사를 높게 평가한다. 온 신학은 베를린(Berlin) 장벽이 무너지고 동서냉전이 끝장난 놀라운 역사 배후에는 유럽 교회가 발전시킨 위대한 평화 신학이 있었다고 믿는다. 온 신학은 원수 사랑의 정신이 역사를 바꾸고 평화와 생명의 세계를 만든다고 믿는다. 온 신학은 예수께서 걸어가신 길이 원수 사랑의 섬김의

---
20) 김명용, 『현대의 도전과 오늘의 조직신학』(서울: 장로회신학대학교 출판부, 2011), 44-45.

길이었다고 생각한다. 하나님의 나라는 사랑과 섬김으로 건설되는 나라이지 폭력과 전쟁으로 세워지는 나라가 아니다.

    온 신학은 개인 윤리와 사회윤리를 구분하고 집단과 집단과의 관계에는 정의의 표준을 적용하고자 하는 세계교회와 신학 속에 널리 퍼진 윤리학은 아직 온전함에 도달한 윤리학으로 생각지 않는다.[21] 온 신학은 집단 사이의 깊은 갈등 역시 사랑을 통해 치유되고 해결된다고 믿는다. 온 신학은 율법에 기초한 윤리학으로는 결코 세상에 평화를 세울 수 없다고 생각한다. 복음적인 윤리학의 시작은 사랑이고, 원수사랑은 복음적 윤리학의 정점이다. 생명과 평화의 세계는 율법적 윤리학이 아닌 오직 복음적인 윤리학만이 세울 수 있다.

    온 신학은 마귀를 이길 수 있는 참된 힘이 사랑이라고 믿는다. 왜냐하면 하나님이 사랑이시고(요일 4:8), 사랑 속에는 하나님의 능력이 역사하기 때문이다. 마귀는 하나님을 이길 수 없고 사랑을 이길 수 없다. 세상을 구원하는 하나님의 능력은 사랑 속에 있다. 온 신학은 십자가의 윤리학, 복음적 윤리학, 사랑의 윤리학을 지향하고 있는 신학이다.

---

21) 라인홀드 니버(R. Niebuhr)의 윤리학은 세계에 큰 영향을 미쳤음에도 불구하고 온 신학적 시각에서 볼 때는 비판의 여지가 많다.

# 결언

　한국에 가장 넓게 그리고 강하게 영향을 미친 신학은 근본주의 신학이었다. 이 근본주의 신학의 한국의 대표적 인물은 박형룡이었다. 그런데 한국의 신학은 이 근본주의에 머물러 있지 않았다. 조용기는 박형룡의 영혼 중심의 근본주의 신학과는 다른 삶의 신학을 전개했는데 그것은 그의 삼중 축복의 신학 속에 잘 나타나 있다. 그는 병들고 가난한 자들에게 희망을 주는 신학을 한국에서 전파했고, 세계에서 최대로 큰 교회인 여의도 순복음교회를 세웠다. 그러나 조용기의 삼중축복의 신학은 아직 사회와 역사를 구원하는 하나님 나라의 신학으로 발전하지 못했다. 1970년대 중반에 등장하기 시작한 한국의 민중신학은 정의와 민주주의를 위한 투쟁의 신학이었다. 이 신학은 마침내 한국 땅에 독재를 몰아내고 민주화를 이룩한 큰 역사적 성과를 내었다. 상당수의 민중신학자들은 김대중 대통령 시절에 정권의 중심에서 활동하기도 했다. 그러나 한국의 민중신학은 삼위일체론과 속죄론의 결여 및 민중의 자기구원과 같은 다수의 한국교회가 받아들이기 어려운 급진적인 교리를 남발하면서 교회에 뿌리내리는 데 실패했다. 온 신학은 박형룡의 영혼과 교회중심적 신학과 조용기의 삶의 신학과 한국 민중신학의 역사책임적 신학이 함께 합류되면서 장로회신학대학교에서 꽃피운 130년 한국 신학의 결론이자 정점이다. 이 신학이 형성되는 데는 루터와 칼빈의 종교개혁적 신학의 토대 위에 칼 바르트와 위르겐 몰트만과 같은 독일의 신학자들과 이종성이라는 걸출한 한국 신학자의 역할과 영향이 매우 컸다.

온 신학은 삼위일체적 신학이고, 하나님의 주권과 은총의 신학이고 온전한 복음을 강조하는 신학이며, 예수 그리스도의 복음 전파와 하나님 나라 구현을 교회의 목적으로 하는 통전적 교회론을 지닌 신학이다. 온 세상과 온 우주 속에서 이를 구원하려는 신학이며 성령의 활동을 폭넓게 파악하고자 노력하는 생명신학이다. 온 신학은 대화적 신학이고 성령의 뜻에 복종하기 위해 끊임없이 개혁하는 개혁신학이다.

# 참고문헌

김명용. 『칼 바르트의 신학』. 서울: 이레서원, 2011⁴.
_____. 『현대의 도전과 오늘의 조직신학』. 서울: 장로회신학대학교 출판부, 2011.
낙운해. 몰트만신학과 한국신학, 미간행박사학위논문. 서울: 장로회신학대학교, 2011.
서남동. "두 이야기의 합류," 『민중신학의 탐구』. 서울: 한길사, 1983, 52-55.
_____. "민중(씨알)은 누구인가," 『민중신학의 탐구』. 서울: 한길사, 1983, 217-218.
이종성. 『춘계 이종성 저작 전집 4, 그리스도론』. 서울: 한국기독교학술원, 2001, 575.
이종성/김명용/윤철호/현요한. 『통전적 신학』. 서울: 장로회신학대학교 출판부, 2004.
현요한. 『성령 그 다양한 얼굴』. 서울: 장로회신학대학교 출판부, 1998.
Barth, Karl. *Das Christliche Leben*. Zürich: Theologischer Verlag, 1976.
Kim, Myung Yong. "The Reception of Karl Barth in Korea." In *Dogmatics after Barth: Facing Challenges in Church, Society and the Academy*, edited by Günter Thomas, Rinse H. Reeling Brouwer, and Bruce McCormack, 15-24. Leipzig: CreateSpace Independent Publishing Platform, 2012.
Moltmann, Jürgen. *Die Quelle des Lebens: Der Heilige Geist und die Theologie des Lebens*. München: Kaiser Verlag, 1997.

# 북 리뷰

## 온 신학에 관하여

- 미하엘 벨커(M. Welker 하이델베르크 대학교 원로교수, 국제학제간신학연구소장)
- 번역: 박성규(장로회신학대학교 조교수)

'온 신학'은 현대적인 도시에서 가능한 신학의 모델이 될 수 있다. '온 신학'은 종교개혁 신학에 근거한 신학이다. 그리고 19세기와 20세기의 세계적인 신학적 발전들과 논쟁하는 가운데 성장한 신학이다. 그리고 메가-시티인 서울에서 발전된 한국의 장로회 교회에서 형성된 신학이다. '온 신학'은 교회적인 신학이지만, 동시에 오고 있는 하나님의 나라가 전 시대와 전 세계에 개입해 들어오는 영역을 존중하고자 하는 신학이다. '온 신학'은 다가오는 하나님의 나라가 개입하는 영역을 삼위일체론적 신학으로 파악하고자 한다. 그리고 '온 신학'은 신약성서와 종교개혁 신학의 기독론적인 기본방향을 긍정하면서도, 동시에 20세기의 강력한 오순절 교회와 카리스마 운동들에 특징적으로 나타나는 성령론적인 방향에 대해서도 열려 있는 신학이다. "온 신학은 예수 그리스도 계시의 궁극성을 기초로 하지만 성령에 의해 펼쳐지는 세계 도처에서 일어나는 성령의 놀라운 해방과 생명의 역사들에 대해 열려 있는 신학이다."(김명용, 온 신학, 2) 한편으로는 한국 개혁교회 가운데 근본주의가, 또 다른 한편으로는 오순절신학이 개인 영혼 구원에 강력하게 집중하고 있는 반면 '온 신학'은 기독론과 새창조 신학에 근거한 하나님–나라–관점들(Reich-Gottes-Perspektive)에 근거하여 신학을 전개한다. 그리고 그러한 하나님 나라의 관점들은 성령이 의와 평화 그리고 약자들의 보호를 위해 역사하는 하나님의 능력이라고 보고 있다. 소위 말하는 "상호보완적 종말론"(komplementäre Eschatologie)과–종말론 문제와 관련하여 신학과 자연과학이 오랜 기간에 걸쳐 학문적 교류를 나눈 결과 얻어진 개념–함께 '온 신학'은 에큐메니컬 신학, 해방신학, 또는 한국의 민중신학과 구성적이면서도 비판적인 관계를 맺을 수 있을 것이다.

김명용 박사는 칼빈, 바르트, 몰트만, 그리고 장로회신학대학교 전 총장이었던 이종성 박사와 연계하여 다차원적인 삼위일체신학적이면서도 기독론적-성령론적인 방향성을 인상적으로 유효하게 만들고 있다. 삼위일체 하나님의 창조적이면서도 새-창조적인 역사는 단지 개인 영혼에만 작용하는 것이 아니며, 역사초월적인 종말론적 현실에만 작용하는 것도 아니다. 물론 김명용은 계시와 역사를 결코 동일시하지 않는다. 그러나 김명용은 다가오는 하나님의 나라 속에 현재적이면서도 동시에 미래적인 역사내적인 종말론적 운동이 작용하고 있는 것으로 보고 있으며, 그리고 그러한 종말론적 운동은 기독교 신학이 완전히 계시되기를 기대하고 있는 영원한 하나님의 나라와 상호보완적인 관계에 있는 것으로 파악한다. 예수 그리스도에 의해 결정되고 성령의 능력 속에서 창조적으로, 그리고 새창조적으로 이루어진 생명은 한편으로는 예배와 기도 속에서, 다른 한편으로는 예언자적인 사회봉사 차원의 제자도 속에서, 그리고 예수 그리스도의 복음 선포 속에서, 나아가 사랑과 의와 평화의 윤리 속에서 성취된다.

'온 신학'은 그 성령론적인 방향설정을 통하여 예

수 그리스도의 삼중직(참된 왕, 참 제사장, 참 예언자)이라는 고전적인 교리를 "하나님 나라의 삼중형태"(M. Welker, Gottes Offenbarung, Christologie)라는 가르침으로 더 발전시킬 수 있는 능력이 있는 신학이다. 나아가 '온 신학'은 우리 인간이 삼위일체 하나님의 광범위한 역사 영역 속에 있는 존재라는 사실을 인식할 능력이 있는 신학이다. 그러한 삼위일체 하나님의 역사는 우리로 하여금 사랑과 용서의 봉사적 실천, 우리 주변과 우리 자신을 위한 치유와 용납의 봉사적 실천을 인식할 수 있도록 하며, 또한 어떤 어려운 조건에서도 이러한 실천을 가능하게 한다(하나님 나라의 왕적 형태). 따라서 공동체 안과 밖에서 동료인간들의 육체적 영적 건강을 돌보는 일은 개인적인 치료 또는 심지어 의무적인 봉사의 의료체계에만 국한될 수 없다. 도시 속에 사는 사람들의 건강은 교회 편에서도 그 도시의 발전을 측정할 수 있는 결정적인 척도이다.

'온 신학'은 또한 우리 자신과 우리의 동료 인간을 영적이며 예배적인 관계에서 볼 수 있게 해주는 능력이 있는 신학이다. 그러한 영적이며 예배적인 관계의 가장 적절한 형태와 정점은 물론 함께 모인 공동체의 예배에서, 그리고 기도와 영광송 속에서 발견될 수 있을 것이나, 동시에 모든 시대의 교회 속에 그리고 세계 영역 속에 이미 정착되어 있는 것이다.(하나님의 나라의 제사장적 차원). 종종 놀라울 정도로 광범위하면서도 파악 불가능할 정도로 넓은 지상의 삶의 정황들보다 예수 그리스도의 교회와 그의 다가오는 나라는 훨씬 더 광범위하다.